Frecce

Indice

VII Prefazione
di Francesco De Gregori

3 I Viva l'Italia! Gli eroi e l'oblio
Il Duce buono e i partigiani cattivi, 8 – Risorgimento di popolo, 13

19 II Il Risorgimento. Fratelli – e sorelle – d'Italia
Il re arci-italiano, 19 – L'Italia insorta, 24 – «Niuno che l'abbia amata tanto», 25 – I meravigliosi studenti di Pisa, 29 – Roma è Repubblica, 31 – I due Giuseppe, 35 – «Siam pronti alla morte», 44 – Il Risorgimento del Sud, 47 – San Martino, 49 – Il Risorgimento delle donne, 51 – Uno scatolone di merluzzo per un Regno, 56

67 III La Grande Guerra. «Come fosse la culla di mio padre»
La guerra seria di Ungaretti, 69 – Le sanguinose buffonate di d'Annunzio, 72 – La retorica e gli eroi, 75 – A Gadda non piacque Sordi, 77 – L'ultimo fante, 79 – «Addio mia mamma amata», 83

87 IV La Resistenza. I centomila martiri
I «vincitori» appesi, 88 – L'alpino partigiano, 91 – L'agonia delle donne, 94 – I cinquemila fucilati di Cefalonia, 98 – I preti martiri: «Vi accompagno io davanti al Signore», 102 – Il colonnello Montezemolo, 106 – Il sangue dei comunisti e dei monarchici, 108 – I «ragazzi» torturatori di Salò, 112 – Giglio e Koch: il riscatto e l'abominio, 114 – Sapevano degli ebrei, 120 – Le stragi del 25 aprile, 123 – Pansa e il cuoco di Salò, 124

131 v Né Lega né Belpaese. Il futuro della nazione
L'alleanza tra Bossi ed Emanuele Filiberto, 138 – Fabrizio Quattrocchi e il generale Della Rovere, 141 – Petrarca e Piero della Francesca, 146

151 *Indice dei nomi*

Prefazione

Proprio mentre si apprestano a celebrare i centocinquant'anni della fondazione del loro paese, gli italiani sembrano essere sempre meno interessati a conoscere e a riconoscere la loro italianità. Eppure non sono mancati nella storia di questi centocinquant'anni i momenti in cui il senso di appartenenza civica alla comunità nazionale, e addirittura un vero e proprio sentimento d'amore per la patria, sono emersi ad accompagnare e a sottolineare gli avvenimenti del paese, soccorrendolo nei momenti di crisi.

Quando scrissi la canzone *Viva l'Italia* mi era sembrato naturale ricordare – anche se con un mezzo così elementare come può essere qualcosa che dura poco più di tre minuti – quella forte risposta collettiva che l'Italia seppe dare al terrorismo alla fine degli anni Settanta. Nonostante ciò la canzone, che pure era piena di chiaroscuri e – credo – non del tutto retorica, non piacque a chi nel pubblico aveva sempre considerato i valori patriottici un retaggio reazionario, patrimonio della destra e dei «fascisti» tout court. A nulla valeva ricordare, come feci allora con un mio amico assai politicamente corretto, che la maggior parte delle lettere dei condannati a morte della Resistenza si concludevano proprio con queste parole di invocazione e di consapevole memoria. Niente da fare, nonostante tutto «Viva l'Italia» imbarazzava. Dire o anche anche solo pensare questa semplice frase poteva essere spiazzante. Rimandava nel migliore dei casi a un Risorgimento polveroso, studiato in fretta in vista dell'esame di maturità e altrettanto frettolosamene archiviato. O magari alla parata militare del 2 giugno, o alla fanfara dei bersaglieri. A nulla di troppo contemporaneo, insomma.

Eppure, in un bellissimo film di grande successo popolare come *La grande guerra* c'è molta patria. Due improbabili eroi, che per tutta la durata della pellicola sembrano spalmati sui peggiori stereotipi dell'italiano furbo e un po' vigliacco, si fanno fucilare dagli austriaci pur di non tradire il loro paese. E il contractor Fabrizio Quattrocchi (e qui non siamo in una fiction), prima di essere giustiziato in Iraq da un gruppo terroristico, grida una frase – «Adesso vi faccio vedere come muore un italiano» – che potrebbe essere l'invocazione di un eroe risorgimentale o di un martire di via Tasso. Quattrocchi verrà insignito di medaglia d'oro al valor civile, e questa decisione sarà accompagnata da incomprensibili e indegne polemiche.

Se ci chiediamo il perché di tutto ciò, le risposte possono essere infinite e anche vagamente imbarazzanti. Certo è mancato nella storia del nostro paese l'equivalente della Rivoluzione francese, quel momento fondativo in cui popolo, Stato e nazione si autoidentificano e scrivono insieme le proprie leggi. Anche la Resistenza, che sta alla base della nostra attuale Costituzione e che pure fu guerra di liberazione nazionale, non sempre condivise in maniera univoca il progetto di una nuova Italia. Né mancarono episodi come quello di Porzus in cui la Resistenza tradì se stessa insieme ai valori della patria.

Se poi vogliamo addentrarci nell'antropologia spicciola dei luoghi comuni, dobbiamo riconoscere negli italiani una buona dose di indifferenza verso tutto ciò che è pubblico. In noi sembrano convivere da sempre una ferma volontà di distinguerci e dividerci a ogni costo e uno scetticismo furbo e indolente verso ogni valore collettivo. Gli italiani sono fatti così, si dice. Affermazioni risapute e forse non del tutto vere, e che però non possiamo eludere nel momento in cui ci interroghiamo sulla nostra storia e sul nostro carattere di cittadini. O, se nessuno si scandalizza, di patrioti.

La nostra storia: ma davvero dobbiamo rassegnarci a una visione di noi stessi così negativa, davvero dobbiamo ringraziare solo il famoso stellone per tutto ciò che di straordinario l'Italia rappresenta ancora oggi agli occhi del mondo? In realtà gli uomini che combatterono per l'unità d'Italia furono in larga parte coraggiosi e lungimiranti, ebbero fin da allora un'idea attualissima (seppure anche in quel caso non sempre omogenea) del nuovo paese che stavano disegnando. Sacrificarono generosamente la loro esistenza, e in molti casi la loro vita, a un ideale di Stato democratico che nella sua compiuta realizzazione collocò centocinquant'anni fa l'Italia a pieno titolo nel novero delle moderne nazioni europee.

E la stessa casa Savoia non seppe forse rinunciare in qualche modo a se stessa in nome di un sogno che sembrava impossibile, e combattere insieme al popolo per la riunificazione di un'Italia che si voleva ridotta a pura espressione geografica? E non fu la Grande Guerra il banco di prova di una nazione ancora giovane che pure seppe combattere con coraggio e assurgere al ruolo di grande potenza? Così come il paese seppe successivamente ritrovare e ricostruire se stesso dopo la catastrofe fascista e la seconda guerra mondiale per affrontare a testa alta le nuove prospettive che si aprivano a metà del secolo scorso.

Certo, non viene in soccorso della nostra autostima scoprire nel libro di Aldo Cazzullo che forse il nostro inno nazionale è frutto di un plagio, che la contessa di Castiglione non fu esattamente una Giovanna d'Arco, che non sempre gli uomini del Risorgimento seppero essere, in pubblico e in privato, all'altezza del loro ruolo. Ma veramente possiamo ricondurre la frastagliata e travagliata storia del nostro Risorgimento ai suoi aspetti meno nobili? O, peggio ancora, imputargli, come qualcuno tenta di fare, addirittura il «genocidio», culturale e non solo, delle popolazioni del Mezzogiorno? E la Resistenza va davvero riletta al contrario, confondendo ruoli e valori opposti, ricomponibili forse sul piano umano ma certamente non su quello del giudizio storico definitivo?

Ma nell'Italia di oggi, dove il tema stesso dell'unità del paese è oggetto di discussione e una crisi profonda sembra attraversare tutte le istituzioni, forse dovremmo ricordarci che non è una buona idea quella di buttare via il bambino con l'acqua sporca. Specchiarci in noi stessi e ripercorrere le tappe che ci hanno portato fin qui può essere a tratti difficile e non sempre gratificante; ma una lettura disincantata (e non necessariamente priva d'orgoglio) della nostra breve storia d'italiani dobbiamo permettercela. Forse non basta a risolvere i problemi che ci stanno davanti, ma serve.

Le pagine che seguono sono il racconto di quello che siamo stati e di quello che siamo oggi, anche se a volte sembra che ci faccia piacere dimenticarlo.

Francesco De Gregori

Viva l'Italia!

I

Viva l'Italia!

Gli eroi e l'oblio

«Il presidente rivolto agli accusati dice:

"Avete nulla da aggiungere in vostra difesa?"

Il generale Perotti si alza:

"Se il capitano Balbis e il tenente Geuna hanno responsabilità, essi lo debbono esclusivamente all'obbedienza prestatami. Chiedo che se ne tenga conto."

Il tenente Geuna si alza e dice:

"Voglio dire che quello che ho fatto l'ho fatto di mia spontanea volontà e non per istigazione del generale Perotti, e siccome io sono scapolo mentre il generale Perotti è padre di tre figli, chiedo al tribunale di voler dare al generale la pena dell'ergastolo che è stata chiesta per me, e a me la morte."

Il generale Perotti si alza e grida:

"Viva l'Italia!"

Gli imputati rispondono:

"Viva l'Italia!"

Il tribunale si ritira.»

«Viva l'Italia!» grida il mio ortopedico ogni volta che mi fa scrocchiare le giunture. È il suo modo di sdrammatizzare.

«Viva l'Italia!» ha un significato molto diverso da «Vive la France!», l'invocazione con cui i presidenti francesi concludono il loro messaggio alla nazione, la notte di Capodanno. «Vive la France!» si pronuncia con tono solenne, evoca De Gaulle e Napoleone, la grandeur e gli eserciti rivoluzionari. «Viva l'Italia!» ha un sapore scherzoso. Ci ridiamo su. I pochi che lo dicono sul serio vengono irrisi come insopportabili retori. Ci viene più naturale semmai «Forza Italia!», grido da stadio divenuto partito di maggioranza relativa.

Questo non vuol dire che noi italiani non amiamo il nostro paese. Anzi, nel profondo vi siamo intimamente legati. Alla nostra maniera, però. Ci piace parlarne male, ma ci indignamo quando sono gli stranieri a farlo. Ho visto antiberlusconiani difendere Berlusconi a un tavolo di tedeschi, e anticomunisti difendere i comunisti italiani a un convegno all'università di Chicago. L'Italia è vissuta come una grande mamma affettuosa; malandata e piena di acciacchi, ma pur sempre la mamma. «In fondo come si vive in Italia non si vive da nessuna parte» si sente ripetere alla fine di discorsi carichi di lamenti. Oppure: «L'Italia è il paese più bello del mondo». Come se fosse una consolazione anziché una responsabilità, una forma di compiacimento invece di uno sprone a meritarci il patrimonio che la natura e i nostri padri ci hanno affidato. Come se l'Italia non fosse una cosa seria, costruita e difesa da generazioni che vi hanno creduto sino alla fine. E ci pare impossibile che siano esistiti uomini e donne per cui l'Italia era un ideale che valeva la vita, e per cui «Viva l'Italia!» furono le ultime parole.

I nomi del generale Giuseppe Perotti, del capitano Franco Balbis, del tenente Silvio Geuna sono oggi del tutto sconosciuti. Credo che se fermassi mille passanti non dico a Roma, la capitale dove la Resistenza è offesa in centinaia di scritte sui muri delle scuole che nessuno si sogna di cancellare, non dico al Sud dove è stata al più una fiammata di qualche giorno, ma anche a Torino, la città dove si è svolta la storia di quegli uomini, su mille passanti neppure uno saprebbe dire chi sono. Forse qualche anziano. Qualcuno che a Torino c'era, nella primavera del 1944, nell'Italia divisa in due tra il Mezzogiorno già liberato e la Repubblica di Salò dominata dai tedeschi, decisi a stroncare la Resistenza nelle sue varie forme.

Il generale Perotti, il capitano Balbis, il tenente Geuna erano tra i capi del Comitato di liberazione nazionale del Piemonte. Non tre comunisti, non tre operai; tre ufficiali dell'esercito, fedeli al giuramento prestato al loro re, decisi a combattere l'invasore nazista. Comunista, e operaio, era uno solo di loro: Eusebio Giambone, condannato a morte e fucilato. Democristiano era Valdo Fusi, autore del libro – *Fiori rossi al Martinetto* – da cui è tratto il passo riportato qui sopra; un passo che è impossibile leggere senza restare turbati, al pensiero di questi valorosi che, anziché tentare di addossare la colpa agli altri come si vede fare nei tribunali di oggi, cercano ognuno di accusare se stesso e di salvare il compagno. Condannati a morte e fucilati gli altri capi del Cln piemontese: Quinto Bevilacqua, socialista, Paolo Braccini, azionista, e poi Massimo Montano, Errico Giachino, Giulio Biglieri. Due anni di carcere per Cornelio Brosio, che come Fusi è avvocato: i colleghi del foro di Torino gli si stringono attorno, anche i magistrati e gli uscieri vanno a confortarli, sotto gli occhi sdegnati del ministro dell'Interno di Salò Guido Buffarini Guidi e del federale Giuseppe Solaro.

Al poligono di tiro del Martinetto cade anche il capitano Balbis, decorato a El Alamein, che lascia scritto alla famiglia di far celebrare ogni anno due messe, il 4 dicembre, anniversario della battaglia di Ain el Gazala contro gli inglesi, e il 9 novembre, anniversario appunto di El Alamein, «per tutti i miei compagni d'arme che in terra d'Africa hanno dato la vita per la nostra indimenticabile Italia». Il giudice di Salò che lo interroga nel processo-farsa gli rinfaccia: «Capitano, voi siete un valoroso, voi avete avuto un'alta onorificenza germanica, voi dovevate dare tutto per salvare la patria». E lui: «Io ho dato tutto per la mia patria. Ho camminato sempre sulla linea dell'onore, non ho mai dimenticato l'ideale del soldato e perciò il mio giuramento».

Nella risposta del capitano Franco Balbis al funzionario di un regime fantoccio nelle mani di Hitler, c'è già la motivazione per individuare non solo quale fosse la parte giusta nella guerra civile, ma anche quale fosse la vera Italia, quale il governo legittimo. Balbis non mostra soltanto come chi combatté i nazisti avesse ragione e chi li appoggiò avesse torto (un'ovvietà in qualsiasi paese occupato dai tedeschi durante la seconda guerra mondiale, tranne che nel nostro). Balbis fornisce in poche parole, lucidissime nonostante le terribili pressioni del processo e del plotone d'esecuzione, l'argomento definitivo per dimostrare che i resistenti – i partigiani, la popolazione civile che li sostenne, i cinquemila fucilati di Cefalonia, i militari rinchiusi nei campi di prigionia in Germania – hanno servito l'Italia e adempiuto al loro dovere, mentre i nemici che davano loro la caccia, che li fucilavano, li impiccavano, li torturavano, hanno servito un esercito straniero e invasore comandato da uno dei personaggi più sinistri della storia.

L'Italia aveva perso la guerra. Si era arresa. Prima ancora, il re aveva destituito Mussolini e dato vita a un nuovo governo, che con il Nord semidistrutto dai bombardamenti e la Sicilia già persa aveva fatto – in modo maldestro e vile; ma questo è un altro discorso – quel che era inevitabile: aveva chiesto e ottenuto un armistizio ai vincitori. Che cos'altro si sarebbe dovuto fare? Combattere accanto ai nazisti fino alla completa distruzione del paese? Affondare insieme con Hitler? Concorrere sino all'ultimo all'eliminazione sistematica degli ebrei? Sostenere sino all'estremo i tedeschi che avevano combattuto in Russia una guerra di sterminio? Non è un caso che le prime bande partigiane siano state formate da superstiti del fronte orientale, che avevano visto con i propri occhi gli orrori della guerra nazista. Non è un caso che Nuto Revelli, un sottotenente degli alpini della Cuneense non un sanguinario bolscevico, tornato nella sua Cuneo abbia riposto il mitra convinto di doverlo presto usare contro i nazisti, stavolta nelle sue valli. E non è un caso che gli ufficiali del regio esercito, come Balbis, Geuna, Perotti e migliaia di altri dimenticati uomini di valore, siano rimasti fedeli al proprio giuramento, al re, al governo legittimo del proprio paese, in una parola all'Italia.

Eppure questa semplice verità è quasi completamente ignorata nel discorso pubblico. Nella sua fascia alta, la discussione sull'8 settembre e sulla guerra civile che ne seguì è dominata dal concetto di «morte della patria», che nella fascia popolare viene tradotto più o meno così: abbiamo tradito i nostri alleati, abbiamo sparato nella schiena ai nostri compagni d'arme, non riusciamo mai a finire una guerra dalla parte da cui l'abbiamo cominciata, eccetera. Quasi il compiacimento per una nostra presunta natura di voltagabbana, opportunisti, furbi, vili.

I termini del discorso andrebbero invece rovesciati. Furono gli «alleati», i «compagni d'arme», a invadere la patria, ad attaccare i soldati italiani sbandati, a farli prigionieri o a fucilarli spietatamente là dove resistettero, come appunto a Cefalonia. Furono i tedeschi a condurre una guerra contro i civili, con rappresaglie nei confronti di intere comunità, compresi bambini e donne inermi. E sono stati, occorre riconoscerlo, storici tedeschi a raccontare le atrocità commesse dai loro connazionali sull'Appennino nei due inverni di occupazione.

Eppure in qualche modo la patria morì davvero. La parola stessa divenne quasi impronunciabile. Il tricolore diventò un simbolo di destra, da sventolare nei cortei per Trieste italiana. L'inno di Mameli una spiacevole necessità, poco rispettata persino nel calcio: nella telecronaca della partita più famosa del dopoguerra, Italia-Germania 4 a 3, Nando Martellini non avverte la necessità o l'opportunità di tacere durante l'inno, continua a parlare di tattica e formazioni (non è certo colpa di un giornalista mite e corretto, è lo spirito del tempo che si faceva sentire; per quanto, proprio dopo quella vittoria, si sia rivisto qualche tricolore per le strade).

Ora i simboli dell'unità nazionale sono tornati patrimonio quasi collettivo, proprio mentre si afferma al Nord un partito che fa del separatismo e del rifiuto della nazione italiana la sua bandiera, proprio nel momento in cui l'unità è in discussione per la prima volta dal 1861. Ma a lungo quei simboli sono rimasti occultati. Troppo disastrosa l'ubriacatura nazionalista del regime, troppo alto il tributo di sangue pagato nella seconda guerra mondiale. E troppo profonde le divisioni della guerra civile. Che ora, anziché essere lenite dal tempo, vengono riaperte dalla polemica politica, e dalla sistematica denigrazione dei combattenti per la libertà.

Il Duce buono e i partigiani cattivi

Oggi il vero revisionismo non consiste nel sostenere che i partigiani non erano poi così buoni, ma nel dire che non erano poi così cattivi. La Resistenza è negata o denigrata. La destra la considera una cosa da comunisti. La sinistra ne fa una bandiera a fini di parte. *Bella ciao* è diventata un jingle da concertone sindacale del primo maggio. Soprattutto, la storia della Resistenza è poco conosciuta. Uno sguardo libero, originale, disincantato dovrebbe in primo luogo riscoprire vicende e personaggi che vengono dati per scontati, ma di cui in realtà chi ha meno di quarant'anni sa poco o nulla. Nomi come Ignazio Vian e Duccio Galimberti, paesi come Boves e Marzabotto non dicono niente alla gran parte degli italiani. Come la storia dei fratelli Cervi. Lo stesso presidente del Consiglio Silvio Berlusconi non li aveva mai sentiti nominare, e in un impeto sincero espresse il desiderio di conoscere il loro papà, morto a 95 anni nel 1970.

Alcide Cervi, padre dei sette fratelli fucilati dai fascisti e celebrati dai comunisti, anche se in realtà erano cattolici e in rapporti difficili con i partigiani rossi, fu ricevuto nel gennaio 1954 non a Palazzo Chigi ma al Quirinale, quando presidente della Repubblica era Luigi Einaudi. Nel 2004 la nipote del presidente ha pubblicato un libriccino in cui è riferito il colloquio tra Einaudi e Alcide Cervi, così come è trascritto negli archivi del Quirinale. I due grandi vecchi non hanno una sola espressione retorica, non si dilungano a parlare di valori e principi. Dicono in poche parole quel che hanno da dirsi sulla dittatura, la Resistenza, la patria. Poi cominciano a parlare di sementi, fertilizzanti, rotazione delle colture: «A Reggio fate anche voi così? Noi sulle Langhe usiamo...». Due contadini, due piccoli proprietari terrieri che si scambiano informazioni.

Quando lessi quel piccolo, prezioso libro, mi ricordai i racconti di mio nonno paterno, doglianese della collina di San Luigi come Einaudi. Ogni domenica, all'uscita dalla messa, sul sagrato della chiesa parrocchiale il professore teneva una lezione ai contadini del paese. Spiegava, in dialetto, le ultime tecniche di coltivazione, indicava gli anticrittogamici più evoluti, consigliava i vitigni da coltivare. Una domenica raccomandava di analizzare il terreno, quella successiva insegnava i rudimenti della contabilità aziendale, la settimana dopo diceva ai concittadini: «Non fatevi imbrogliare dai rappresentanti delle industrie chimiche, ricordate che il miglior fertilizzante l'avete già in cascina, è sempre il letame».

Non è vero, come si sente ripetere, che tutti gli italiani sono stati fascisti. Milioni e milioni di italiani non sono stati fascisti. Luigi Einaudi non era tra i dodici eroi che avevano rifiutato di giurare fedeltà al regime. Però non era fascista. In università andava in giacca, cravatta e camicia bianca (purtroppo anche all'università di Torino c'erano professori in camicia nera). Scrisse i suoi *Principi di scienza delle finanze*, che l'insospettabile Elémire Zolla, sciamano antirazionalista che leggeva il *Mahābhārata* in sanscrito e aveva esplorato i meandri del pensiero magico, considerava il libro più importante pubblicato da un italiano nel Novecento. Einaudi era già il migliore economista di Torino quando una mattina del 1919 gli entrò nello studio una matricola dell'università, figlio di un droghiere, che gli chiese un articolo per la sua rivista, specificando di non poter pagare. Einaudi accettò e fu anche grazie a lui che l'allievo divenne Piero Gobetti, liberale antifascista morto esule a 25 anni dopo essere stato aggredito dagli sgherri del regime. (Se oggi una matricola volesse chiedere un articolo a un barone universitario non riuscirebbe a oltrepassare la sua segreteria; a meno che non sia figlio di un collega barone.)

Non è un caso che, da presidente della Repubblica, Einaudi abbia discusso con Alcide Cervi di sementi. Quelle lezioni di scienze agrarie sul sagrato della chiesa, in pieno regime, quel suo parlare di cose concrete, di terra, finanche di letame, erano l'antitesi della retorica dannunziana e mussoliniana, erano il rifiuto del fascismo, esprimevano un'irriducibile estraneità all'imperialismo di cartapesta. Non è un caso neppure che mio nonno detestasse i fascisti e abbia sempre rifiutato di prendere la tessera del partito, anche quando gli avrebbe fatto comodo. Questo non fa di lui un antifascista militante. Ma non consente di dire che tutti gli italiani siano stati fascisti, o che tutte le italiane sognassero un figlio dal Duce (le maestre però sì, almeno così scrive Beppe Fenoglio).

Del Duce ci siamo ormai fatti un'idea familiare. Un nonno affettuoso, un amante passionale, uno statista animato da buone intenzioni, purtroppo tradito dall'errore di allearsi con Hitler. I suoi diari vengono pubblicati, per quanto Luciano Canfora abbia dimostrato sul «Corriere della Sera» che sono falsi. Sfugge, e non solo a Roma e nel Mezzogiorno, la visione tragica del fascismo. Un regime che si impose nel sangue, assassinando o esiliando i capi dell'opposizione e lastricando la sua ascesa di cadaveri – quindici operai uccisi solo a Torino, il segretario della Camera del Lavoro legato a un camion e trascinato per le vie della città –, che chiuse i libici nei lager, gasò gli etiopi, umiliò i suoi stessi cittadini di religione ebraica, trascinò il paese nella fornace della seconda guerra mondiale, ebbene un simile regime è raccontato nei toni della bonomia e del paternalismo: gli oppositori in vacanza, arabi e neri colonizzati fraternamente, le paludi prosciugate; e ci sono voluti i romanzi di Antonio Pennacchi per raccontare la storia dei ventimila contadini veneti spediti dal Duce nell'Agro Pontino e morti di malaria. Purtroppo, lo stesso Pennacchi tiene a ribadire che il fascismo non fu poi così male, almeno fino al '38: quando però il regime aveva già assassinato Matteotti e i fratelli Rosselli, bastonato don Sturzo e Pier Giorgio Frassati, imprigionato, confinato, costretto all'esilio migliaia di oppositori tra cui alcune tra le migliori intelligenze del secolo.

Gli italiani non si vergognano del fascismo. Qualcuno ne va fiero, ad altri non importa, molti non ne sanno nulla e non ne vogliono sapere. Non avvertono minimamente la responsabilità storica di aver germinato un movimento politico che funestò mezza Europa e provocò il genocidio degli ebrei. Hanno esorcizzato il senso di colpa inventando il mito degli «italiani tutti fascisti»; come se fosse possibile confondere l'adesione a una dittatura con il consenso per un partito democratico, come se si potesse omologare sotto il segno del Duce un paese di contadini e di analfabeti, senza televisione, dove nei luoghi di ritrovo i cartelli informavano che «qui non si parla di politica». Non sarebbe giusto neppure dire che gli italiani sono stati tutti democristiani; la Dc arrivò a sfiorare il 50%, ma neppure la gran parte dei suoi elettori era democristiana davvero, come si vide quando cadde il comunismo e Umberto Bossi cominciò a parlare di Lega lombarda.

Anche la Resistenza, sostengono i detrattori, è un falso mito. *Il mito della Resistenza* si intitola un fortunato pamphlet di Romolo Gobbi, sessantottino pentito. Il luogo comune è noto. Furono molti di più gli italiani che andarono a Salò rispetto a coloro che salirono in montagna. La maggioranza restò a guardare, la «zona grigia» rimase sostanzialmente neutrale, spaventata dagli eccessi di entrambe le parti, in attesa che passasse la nottata. E comunque l'Italia la liberarono gli americani. I comunisti non combatterono per la libertà ma per fare la rivoluzione. Il 25 aprile tutti divennero partigiani, ingrossando le file dei pochi veri resistenti. Dopo la liberazione cominciò la mattanza. E negli anni a venire la sinistra si è impadronita di quel mito, facendone una componente di una presunta diversità etica, di una dichiarata superiorità morale che l'ha resa ostile se non odiosa alla maggioranza degli elettori.

Tutti elementi che poggiano su un fondo di verità, ma che mescolati insieme danno della verità una versione rozza e irrispettosa. Certo che i più risposero al bando della

Repubblica sociale. Ma non fu, nella grande maggioranza dei casi, una scelta ideologica (peraltro spesso seguita dalla diserzione). A volte non fu neppure una scelta. I renitenti alla leva venivano passati per le armi. Salire in montagna era una decisione infinitamente più difficile, eppure venne sentita come necessaria dai comunisti e dagli ufficiali degli alpini, dagli azionisti motivati politicamente e dai ragazzi delle Langhe, dell'Appennino emiliano, della campagna veneta che avevano visto i loro paesi e le loro chiese incendiati dagli invasori. Chi poté evitare di schierarsi, lo fece. Ci fu chi si nascose, qualcuno addirittura nei cimiteri, come racconta ancora Fenoglio. Ci fu chi aiutò gli uni e gli altri, per avere salva la vita. Ma non c'è dubbio che la simpatia della maggioranza dei contadini e dei borghesi di città non andasse ai nazisti e ai loro volenterosi aiutanti; per quanto le bande partigiane si siano fatte talora schermo della popolazione civile, o abbiano agito – come in via Rasella – in modo da provocare una rappresaglia che radicalizzasse lo scontro.

Non è inutile ricordare che, fino al 25 aprile, al Nord Salò ha il pieno controllo della macchina statale, dalle forze dell'ordine ai tribunali. I fascisti, i cosiddetti «vinti», impugnano il coltello dalla parte del manico, e i «vincitori» sono braccati, giustiziati senza processo, lasciati insepolti come monito per parenti e concittadini. Rifiutare l'uso strumentale della memoria impone di raccontare la Resistenza come fu davvero: storia di popolo, non di partito; non «una cosa di sinistra», ma la rinascita della patria. In particolare gli ufficiali dell'esercito, i monarchici, i cattolici, i liberali vissero la Resistenza come un secondo Risorgimento: non a caso nel 1943 le formazioni bianche sul confine orientale scelsero di chiamarsi «Osoppo», come la città che nel 1848 aveva resistito agli austriaci per quasi sette mesi. Erano della Osoppo i partigiani trucidati a Porzus dai comunisti, nel giorno peggiore della Resistenza. Era della Osoppo Renato Del Din, il sottotenente della Julia divenuto il partigiano Anselmo, che guidò l'attacco alla caserma fascista di Tolmezzo al grido di «Viva l'Italia!» e fu falciato dalle mitragliatrici.

I resistenti servirono a «salvare la dignità», come raccomandava Gobetti; a tenere viva la fiammella della libertà nella notte della dittatura e della guerra. Come tanti, piccoli De Gaulle italiani, gli antifascisti – quelli eroici degli anni del consenso, ma pure coloro che il coraggio lo trovarono solo nella primavera del 1945 – legittimarono il processo che ha portato alla democrazia, al ritorno dell'Italia nel consesso internazionale, alla vittoria della Repubblica nel referendum del 1946: un'altra conquista che gli italiani amano denigrare.

Come ogni mito, la Resistenza si fonda su sacrifici reali. E i miti possono anche rivelarsi salutari, nel fondare una nazione giovane e cagionevole come quella italiana. A cominciare dal mito da cui tutto ha avuto inizio: il Risorgimento.

Risorgimento di popolo

Il Risorgimento oggi non è di moda. In tanti lo confondono con il Rinascimento. Da Firenze in giù si dice Càvour, con l'accento sulla «a»; come se in America non sapessero pronunciare il nome di Washington o in Gran Bretagna quello di Churchill.

Il Risorgimento non piace ovviamente ai leghisti, che fanno della disunità d'Italia la loro ragione sociale. Non è mai piaciuto ai comunisti, che a partire da Antonio Gramsci ne hanno sempre denunciato il carattere conservatore dal punto di vista sociale ed economico. Non è mai piaciuto neppure ai cattolici, dal momento che il papa difese con ogni mezzo il proprio potere temporale, sino alle cannonate degli zuavi all'alba del 20 settembre 1870. È di una studiosa cattolica, Angela Pellicciari, il libello – *Risorgimento da riscrivere* – che Berlusconi sventolò davanti ai giovani di An plaudenti, animando una scena da teatro dell'assurdo: il capo del governo, davanti a una platea di nazionalisti, esalta un libro che fa a pezzi la storia dell'unificazione nazionale.

Il Risorgimento è considerato roba di liberali: quattro gatti, appunto. È superfluo elencare le infinite denigrazioni di cui i padri della patria sono stati oggetto. Sarebbe una lista sterminata, quindi noiosa. Nessuna invettiva in sé è degna di una risposta polemica. Il ministro leghista che demolisce Garibaldi, lo scrittore di successo secondo cui «il Risorgimento fu una bellissima idea rovinata dai piemontesi» – come a dire che il *David* era un bellissimo blocco di marmo rovinato da Michelangelo –, ma anche il «governatore» del Piemonte cui non garba Cavour. Il best seller che comincia con il terrificante attacco: «Io non sapevo che i piemontesi fecero al Sud quel che i nazisti fecero a Marzabotto. Ma tante volte, per anni...» (un attacco in cui non c'è una sola parola giusta, dall'empio riferimento a Marzabotto alla definizione di «piemontesi» per l'esercito italiano). Il saggio su Gaeta intitolato *L'assedio che condannò l'Italia all'unità*, come se l'unità fosse una sciagura. La vincitrice del premio Campiello che approfitta del momento di gloria per invocare l'indipendenza della Sardegna; come se potesse essere considerata avulsa dalla storia nazionale un'isola che ha dato alla sinistra il suo leader più rimpianto, Enrico Berlinguer, e alla Repubblica due presidenti, Antonio Segni e Francesco Cossiga (e dove si è formato un uomo che ha tutte le caratteristiche per essere il terzo sardo a diventare capo dello Stato: Giuseppe Pisanu). E ancora i sindaci con la passione di cambiare il nome alle strade, l'ex governatore della Banca d'Italia che si inginocchia davanti alle bandiere papaline sforacchiate alla messa riparatrice della presa di Porta Pia, il regista che al cinema presenta i briganti come eroi, gli intellettuali napoletani che rimpiangono i Borboni, i Serenissimi che arrivano a San Marco in «tanco» per ripristinare la Repubblica veneta: ognuno porta il suo tassello al mosaico dell'Italia eternamente piccola, meschina, ripiegata sul dialetto, sul mugugno, sulla logica di campanile; la caricatura di quella meravigliosa ricchezza che è il nostro essere diversi gli uni dagli altri.

Non saranno certo le celebrazioni per i 150 anni dell'unità a cambiare le cose. Anzi, sotto certi aspetti possono persino peggiorarle.

Come ogni celebrazione, anche questo anniversario suscita noia. Assuefazione. Insofferenza antiretorica. E oblio di quanto è scritto sui due frontoni del Vittoriano: «Patriae unitati», all'unità della patria, ma anche e soprattutto «civium libertati», alla libertà dei cittadini. Quasi sempre si dimentica che il Risorgimento coincide per l'Italia con la fine dell'Antico Regime, delle monarchie assolute, delle servitù feudali, del foro ecclesiastico, e l'inizio della lenta espansione delle libertà borghesi, della democrazia rappresentativa, dei diritti civili.

Certo, ripercorrendo l'itinerario dei Mille il presidente della Repubblica Napolitano ha incontrato migliaia di giovani entusiasti, a Quarto come a Marsala, a Calatafimi come nella sua Napoli. Questo dimostra che il sentimento nazionale è più radicato di quanto non si pensi. Ma quel misto di scetticismo, indifferenza, ignoranza e ostilità che circonda il Risorgimento non ne uscirà minimamente scalfito. Nei discorsi da dopocena, nei libri degli intellettuali che vogliono fare gli anticonformisti, nelle tirate degli anti-italiani come nei numeri degli arci-italiani, i luoghi comuni spacciati per trovate dissacranti resteranno sempre gli stessi. Cavour non era mai stato sotto Firenze, pensava in francese, stentava con l'italiano, non voleva fare davvero l'Italia ma estendere il Regno sabaudo, aveva una vita sessuale disordinata, morì di malaria contratta nelle terre comprate dal padre dopo la spoliazione dei beni ecclesiastici; quasi un castigo divino (in effetti «La Civiltà Cattolica», la rivista dei gesuiti, esultò per la sua morte come per un provvidenziale dono celeste). Molto più italiani Ninco Nanco, Crocco, Fra' Diavolo e gli altri briganti, anzi patrioti meridionali. Radetzky morì nel suo letto, aveva fidanzata, figli e maggiordomo italiani che lo incitavano a non essere così morbido, i popolani milanesi che lo accolsero dopo Custoza gli chiesero perdono per le Cinque Giornate gridando «hin staa i sciuri», sono stati i ricchi, le élite, i massoni. Massone era Garibaldi, oltre che un po' matto; liberò il Sud quasi per caso, fece fucilare i veri rivoluzionari a Bronte, e comunque fu mandato a Caprera da re Vittorio Emanuele: un altro matto, assatanato, sempre intento a ingravidare popolane, forse lui stesso figlio di un beccaio fiorentino e comunque di sicuro fornito di una «faccia da macellaio», come lo definisce l'ex presidente dell'Ordine dei giornalisti Lorenzo Del Boca nel suo libro significativamente intitolato *Maledetti Savoia*. In ogni caso, il suo esercito non aveva fatto altro che scappare; per fortuna c'erano i francesi. I luoghi comuni non finiscono mai.

C'è una componente mitica, da sfatare, nel Risorgimento? È possibile. Fu la conquista di una minoranza? Ma sono sempre i coraggiosi a imprimere le svolte alla storia, a mettere in gioco la propria vita, a guidare le rivoluzioni: è accaduto per quella americana, per quella francese, per quella russa. Non è vero però che il popolo italiano sia assente dal Risorgimento. In un paese di analfabeti, molto meno popolato e molto meno collegato dell'Italia di oggi, in cui fino al 1846 e spesso anche dopo tutte le polizie dei vari Stati sorvegliano e arrestano i patrioti, l'idea nazionale conquista artisti e artigiani, infiamma tre generazioni di scrittori – quella di Foscolo e Manzoni, quella di Tommaseo, Giusti e Guerrazzi, quella di Nievo –, ispira musicisti come Verdi e pittori come Hayez, fa discutere pensatori e politici della statura di Gioberti, Rosmini, Mazzini, Cattaneo, Balbo, d'Azeglio. Pur diviso al suo interno tra monarchici e repubblicani, il Risorgimento è anche un grande movimento politico e culturale. E gli italiani, per la prima volta dopo secoli, mostrano di essere pronti a combattere, e di saperlo fare.

Nel 1848 non insorge solo Milano, insorgono tutte le città della penisola, da Palermo a Venezia. Radetzky deve rioccupare le città venete una a una, tranne Verona dove le truppe austriache sono di stanza (e sarà una Verona in festa quella che le giubbe bianche lasceranno definitivamente nel 1866, sparando per sfregio sulla folla e uccidendo una donna incinta, Carlotta Aschieri, 25 anni). Sovrani intimoriti, se non apertamente ostili all'unità, non possono impedire la partenza di volontari da Firenze, da Roma, da Napoli, ansiosi di unirsi all'esercito piemontese. Si muove persino l'armata pontificia, per quanto sconfessata poco dopo dallo stesso Pio IX. Più in generale, quando il 24 giugno 1859 gli austriaci sono battuti a Solferino e a San Martino, crolla tutta l'impalcatura del loro dominio sulla penisola, e le loro truppe si mostrano per quel che erano: un esercito di occupazione.

L'impero degli Asburgo, all'epoca indicato come prigione dei popoli, ora è fascinoso oggetto di culto, casa di languide memorie, molto rimpianto come pure i Borboni, il granducato, persino il papa re. Il Risorgimento invece non è mai diventato un'epopea. Non ha un grande romanzo che lo racconti. Non c'è un quadro celebre, come il David dell'*Incoronazione di Napoleone* o il Delacroix della *Libertà che guida il popolo*, che ne sia divenuto l'icona (Giovanni Fattori dipinse *Il campo italiano alla battaglia di Magenta*, da cui i nostri a dire il vero furono completamente assenti: arrivarono sul campo a scontro concluso, accolti dalle grida di scherno degli zuavi francesi). Pochi collocano il *Nabucco* nel contesto risorgimentale; ormai fa venire in mente Bossi e la Padania. I Savoia non sono certo all'apice del prestigio. Si girano fiction su personaggi anche minuti, ma non sui grandi che ci hanno dato una patria. Il penultimo film ambientato in epoca risorgimentale si intitola *Li chiamarono... briganti!*, regista Pasquale Squitieri, con Cialdini nella parte del generale cattivo che parla francese (anche se era di Modena) e i briganti con trombone e cappellaccio nel ruolo degli eroi. L'ultimo, *Noi credevamo*, mette in scena un Mazzini «terrorista» e in tre ore e mezzo non trova un minuto per Cavour, cancellato dalla sceneggiatura dopo che il suo ruolo era stato affidato a Massimo Popolizio, bravo attore romanesco celebre come «er Teribbile», boss rivale della banda della Magliana. Ma anche quando il grande cinema ha affrontato quegli anni, l'ha fatto per rappresentare non l'epos guerriero degli italiani ma la rotta austriaca, come in *Senso* di Visconti: la fine di un mondo vecchio sollecitava la sensibilità decadente del maestro più della nascita di un mondo nuovo; tanto più se l'Antico Regime si rivela immutabile, come nel *Gattopardo* di Tomasi di Lampedusa (e ancora di Visconti). Nella produzione artistica, come nella cultura materiale o nella tradizione popolare, la storia dell'unificazione è del tutto assente.

Eppure il Risorgimento avrebbe tutti i caratteri di una grande saga. È una storia cui non manca alcun registro: l'eroico e il grottesco, l'aulico e il ridicolo, il tragico e il rocambolesco. C'è tutto: amore e morte, sangue e nobildonne, tradimenti e intrighi, battaglie e rivolte, re e imperatori, papi e cortigiane, l'esilio e il ritorno, rotte disastrose e clamorose sorprese. Ci sono eroi sconosciuti, martiri il cui nome è completamente dimenticato, nobili e analfabeti morti sul patibolo, in battaglia, in ospedali improvvisati, in carcere, gridando quel «Viva l'Italia!» di cui oggi ci facciamo beffe. E ci sono uomini che dopo aver tentato di uccidersi l'un l'altro finiscono per allearsi in nome della stessa causa. Come Cavour, che del suo grande nemico seppe dire: «Garibaldi ha reso all'Italia il più grande dei servizi che un uomo potesse offrirgli: egli ha dato agli italiani fiducia in loro stessi, ha provato all'Europa che gli italiani sanno battersi e morire sui campi di battaglia per riconquistarsi una patria».

II

Il Risorgimento

Fratelli – e sorelle – d'Italia

«Io parto domattina per la campagna con l'Esercito. Procurerò di sbarrare la via di Torino, se non ci riesco e il nemico avanza, ponete al sicuro la mia famiglia e ascoltate bene questo. Vi sono al Museo delle armi quattro bandiere austriache prese dalle nostre truppe nella campagna del 1848 e là deposte da mio padre. Questi sono i trofei della sua gloria. Abbandonate tutto, al bisogno: valori, gioie, archivi, collezioni, tutto ciò che contiene questo palazzo, ma mettete in salvo quelle bandiere. Che io le ritrovi intatte e salve come i miei figli. Ecco tutto quello che vi chiedo; il resto non conta.»

Il re arci-italiano

Non era scontato ma neppure sorprendente che un arci-italiano come re Vittorio Emanuele scrivesse così a Costantino Nigra, alla vigilia della seconda guerra d'indipendenza. Come ogni autentico italiano, il re poteva essere simpaticamente cialtrone, ma nei momenti drammatici dava il meglio di sé. E quel momento era drammatico davvero: la vigilia del conflitto che avrebbe deciso la sorte del paese e della dinastia. «Tra un anno sarò re d'Italia o il signor Savoia» aveva confidato Vittorio Emanuele dopo il discorso alla Camera – «non siamo insensibili al grido di dolore che da tante parti d'Italia si leva verso di noi» – con cui aveva aperto le ostilità con l'Austria, d'intesa con Napoleone III e con il proprio detestato primo ministro, Camillo Benso conte di Cavour, vero artefice dell'unificazione.

Non è facile però amare Cavour. Aristocratico, cosmopolita, uomo di confine, un po' svizzero e un po' parigino, trattato da pari a pari dall'imperatore dei francesi e dal premier britannico Palmerston, considerato nelle cancellerie europee come una delle intelligenze più vive del tempo; morto più povero di quando era entrato in politica, primo ministro senza stipendio e con un appartamento di rappresentanza che non usava, preferendo invitare gli ospiti per pranzo a proprie spese al Cambio: la sua figura è troppo complessa, paradossalmente troppo moderna per essere sentita vicina dall'Italia di oggi. Cavour non colpiva l'immaginazione popolare, non portava divise o abbigliamenti stravaganti alla Garibaldi, non era un monarca o un avventuriero ma un «avvocato»come lo chiamava con disprezzo Vittorio Emanuele: un borghese.

Il re, invece, è un personaggio italianissimo. Non a caso si trovava molto bene a Napoli, ricambiato. A Napoli pensò quando dovette portare la capitale lontano dalla sua Torino, per poi scegliere Firenze perché «tra qualche anno da Firenze si potrà venir via, mentre a Napoli ci si resta». Un re popolano: evitava le salse francesi servite ai pranzi di gala, era ghiotto di bagne caude, agnolotti, zuppe, pane intinto nel sugo della cacciagione, fontina, fonduta. Non amava le nobildonne e sintetizzava la sua idea del femminino scandalizzando il raffinato Massimo d'Azeglio: «A me mi piacciono le donne vere, che odorano di forte. La femmina profumata va bene alle feste da ballo, ma a letto si deve sentire la spuzzetta della cicalona». Non a caso fu d'Azeglio ad accreditare la diceria della sostituzione d'infante, secondo cui il re sarebbe stato appunto figlio di un macellaio fiorentino.

Certo Vittorio Emanuele non assomigliava a suo padre. Carlo Alberto era alto due metri, magrissimo, biondo, chiaro, elegante, colto, austero, tormentato sino a punirsi con il cilicio per una gioventù giacobina e libertina. Vittorio era basso, grassoccio, rozzo, simpatico, ignorante, alla mano, un po' grottesco con i baffoni all'insù che divertirono la regina Vittoria, a cui sembrò più un guerriero medievale che un re costituzionale. Amava la caccia e la guerra, ai teatri preferiva i camerini delle attrici, si fermava a parlare con i sudditi, offriva sigari ai soldati, si appartava con le popolane nei fienili. Ebbe infatti figli – oltre che dalla moglie rampolla degli Asburgo – dall'attrice Laura Bon, da un'oscura maestra di Frabosa, e ovviamente dalla Bela Rosin, prosperosa e analfabeta, figlia di un tamburo maggiore dell'esercito. Amò pure la vedova di suo fratello, la moglie del suo caro amico Urbano Rattazzi e, durante la drammatica campagna del 1848, una contadina di Volta Mantovana: ferito durante un assalto, rifiutò di farsi medicare per mostrarsi sanguinante ai soldati e portare poi in dono la palla nemica all'amante. L'imperatrice Eugenia, bigotta e anti-italiana, fu approcciata con una battuta da postribolo: «Ho saputo che le parigine non portano le mutande; questo è un cielo azzurro che si apre per me!». E ai messi di Cavour, che gli offrivano un assegno da due milioni di lire «per rimborsargli le spese sostenute per la causa nazionale» – vale a dire per corrompere generali borbonici, spie, funzionari, avventurieri – purché lasciasse una volte per tutte l'impresentabile Rosina, rispose: «Ringrazio lor signori e tengo la Rosina, ca l'è 'na gran bela fija». Tenne pure l'assegno.

Un re che escogita sotterfugi da bambino: quando giura di ignorare le intenzioni di Garibaldi, che è appena sbarcato a Marsala con il suo incoraggiamento, alza di nascosto il piede destro, convinto che così lo spergiuro non valga. Un re capace però di nobili impuntature; come quando resiste a Radetzky che gli chiede di abolire lo Statuto, o a don Bosco che annuncia sventure se il re promulgherà norme sgradite alla Chiesa: prima le leggi Siccardi che aboliscono il foro ecclesiastico facendo dei sacerdoti cittadini come gli altri, poi le leggi del 1854 che sciolgono le corporazioni religiose. Il santo, che ha fama di taumaturgo e veggente non sempre benevolo, scrive al re per raccontargli un sogno. C'è un valletto di corte che grida: «Triste notizia! Triste notizia! Grande funerale alla reggia!». Vittorio è preoccupato. La regina Maria Adelaide, incinta per la settima volta, sta molto male. Don Bosco scrive ancora: gli è riapparso in sogno il valletto, ma stavolta i funerali alla reggia sono due. Si ammala anche la regina madre Maria Teresa. È lei la prima a morire, il 12 gennaio 1855. Il fratello del re, Ferdinando, ha uno sbocco di sangue, si mette a letto. Il 20 gennaio muore Maria Adelaide dopo aver dato alla luce il settimo figlio, chiamato Vittorio Emanuele come il padre; il piccolo sopravviverà solo quattro mesi. Il re è atterrito. Quando, il 10 febbraio, muore anche Ferdinando, si comincia a parlare di maledizione divina. Vittorio Emanuele piange tutto il giorno, consolato da una processione di cortigiani e popolani. Ma le leggi contro il clero non cambieranno. Passa a salutare anche Alfonso La Marmora, in partenza per la Crimea, alla testa di una spedizione che si batterà bene sulla Cernaia e, pur decimata dal vaiolo, imporrà il piccolo regno e la causa italiana al tavolo delle grandi potenze. Il re lo congeda così: «Fortunato lei, generale, che va a combattere i russi. A me tocca restare a combattere preti e monache».

Con i figli è affettuoso, chiama l'erede Umberto «Beto» e la prediletta Clotilde «Chichina», ma accetta tra le lacrime di darla in sposa – appena quindicenne – al nipote libertino di Napoleone, Gerolamo, che aveva quasi quarant'anni. È la stessa Clotilde a consolare il padre: «Non sono una principessa di Casa Savoia per niente. Nei momenti gravi bisogna avere energia e coraggio. Io li ho, il Signore me li ha dati e me li dà». È un re che piange spesso, anche in pubblico: quando rientra a palazzo dopo l'abdicazione del padre; quando la Camera umilia il generale De Launay da lui designato presidente del Consiglio; quando gli muore la madre; davanti alla bara della moglie; e soprattutto al momento di salutare la figlia che parte per la Francia. Ma gli piace soprattutto ridere, scherzare, dire volgarità, fare battute. Immagina per burla di salire sul Campidoglio, quando Roma sarà nelle sue mani, e di proclamare la Repubblica. Giunto davvero nella capitale, dopo un lungo viaggio in treno, esclama in piemontese: «Finalment ai suma»; diventerà un solenne «finalmente ci siamo e ci resteremo». Superstizioso, evita di dormire nel Quirinale perché una zingara gli ha predetto che la prima notte a Roma gli sarebbe stata fatale. Si ammala lo stesso, a San Rossore. Un «colpo apoplettico», vale a dire un infarto, lo riduce in fin di vita.

L'arcivescovo di Pisa Cosimo Corsi fa sapere che non concederà l'assoluzione, se il re non firmerà un documento che disconosce il suo operato di padre della patria, ma Vittorio Emanuele rifiuta: è un re costituzionale, non può firmare una carta di tale rilevanza senza il suo primo ministro. Il primo ministro è il generale Menabrea, che impone al messo dell'arcivescovo, il malcapitato don Renai, di dare l'assoluzione al re, se non vuol finire in prigione; ma secondo la voce popolare è la Rosina a intervenire per il suo uomo, puntando contro il prete una pistola. Rosina e Vittorio si sposano su quello che pare il suo letto di morte. Ma miracolosamente il re si riprende, vivrà altri nove anni, e a chi attribuisce la guarigione alla benevolenza del prete risponde che il merito è del suo cameriere, che gli ha procurato una prodigiosa bottiglia di porto.

Neanche un uomo così facile da amare, però, si è ritagliato uno spazio nella memoria del paese. Vittorio Emanuele non è un personaggio popolare, a differenza di Garibaldi, e non è considerato un grande di cui non si sa molto ma che merita comunque rispetto, come Mazzini. Ci si ostina a vederlo come un re piemontese, un estraneo, un conquistatore, per il suo rifiuto di cambiar nome, di diventare Vittorio Emanuele I anziché II. Si dimentica che, per fare l'Italia, il re rinunciò alla regione che aveva dato i natali e appunto il nome alla sua famiglia, la Savoia (pur facendo rettificare i confini per non perdere i terreni dove andava a caccia). E rinunciò a Torino, da tre secoli capitale della dinastia, sia pure con sofferenza: «Che dirà Torino? Non è indegno rimeritarla di tanti sacrifici con un sacrificio ancora più crudele? E che importa a voialtri di Torino? Sono io che ne ho il cuore schiantato, io che ho sempre vissuto qui, che ho qui tutte le memorie d'infanzia, tutte le abitudini, i miei affetti...».

Non era scritto da nessuna parte che Torino non potesse restare la capitale d'Italia. Ovunque è capitale la città d'origine della dinastia che ha unificato il paese. Parigi, Londra, Berlino non sono al centro della Francia, del Regno Unito, della Germania. Eppure non vi fu dubbio alcuno, anche nella classe dirigente sabauda, che la capitale dovesse essere Roma, la città fondativa della classicità e della cristianità.

Per allargare un regno straniero, del resto, non sarebbero morti così tanti volontari, in quell'anno straordinario per l'Italia e per l'intera Europa che fu il 1848.

L'Italia insorta

Per prima insorge Palermo, che il 12 gennaio si ribella alla guarnigione dei Borboni. Il 31 Ferdinando II, il sovrano più reazionario d'Europa, è costretto a concedere la Costituzione, che limita i suoi poteri. In gran fretta a Torino si scrive lo Statuto. Nelle fredde serate d'inverno la capitale sabauda è percorsa da giovani patrioti con le fiaccole che invocano la guerra all'Austria.

L'Italia è inquieta da almeno due anni, da quando è divenuto papa Giovanni Maria Mastai Ferretti, che come primo provvedimento ha liberato i prigionieri politici. Spaventato da se stesso e dall'incendio appiccato dalle sue riforme, Pio IX finirà per chiamare in Italia eserciti stranieri e mandare i patrioti sulla forca; ma all'evidenza l'Italia non aspettava altro che un segnale per ribellarsi. A ferragosto del 1847, con l'obiettivo di dare un avvertimento al papa, le truppe austriache devastano Ferrara. Il 3 gennaio 1848 prendono a sciabolate i milanesi che fanno lo sciopero del fumo per danneggiare l'erario imperiale: tra i feriti ci sono sei bambini. Il giorno dopo i carbonari genovesi tentano di linciare i padri gesuiti, simbolo della reazione.

All'alba del 19 marzo Milano insorge contro gli austriaci. Quella notte stessa Francesco Arese, inviato dal comitato rivoluzionario lombardo, va a Torino per sollecitare l'intervento delle truppe piemontesi. Quando, al mattino del 20, Arese si reca alla reggia, assiste impressionato al saluto dei torinesi ai primi reparti mobilitati per la guerra: «A Milano! A Venezia!». La notte del 22 il maresciallo Radetzky e i suoi uomini fuggono con la cassa, dopo aver lasciato sul terreno 335 milanesi. Di 244 si è potuta conoscere la condizione sociale: 160 erano artigiani e operai, 25 domestici, 14 contadini, 29 commercianti, 16 borghesi. Più quattro bambine. E 38 donne, quasi tutte operaie. Non è vero che «sono stati i signori» a cacciare gli austriaci. Il 23 marzo Cavour scrive sul suo giornale, che ha chiamato «Il Risorgimento»: «L'ora suprema per la monarchia sarda è suonata».

I ministri votano all'unanimità: il governo di una città di frontiera di 120 mila abitanti scende in campo contro la più grande potenza d'Europa. Si scrive il proclama ai popoli in rivolta: «Le nostre armi vengono ora a porgervi quell'aiuto che il fratello aspetta dal fratello, dall'amico l'amico». Carlo Alberto precisa che si tratta di una guerra di indipendenza, non di conquista: «Vogliamo che le nostre truppe, entrando nel territorio della Lombardia e della Venezia, portino lo scudo di Savoia sovrapposto alla bandiera tricolore italiana». A Torino si canta *l'Inno al re*: «Figli tutti d'Italia noi siamo / forti e liberi il braccio e la mente / più che morte i tiranni aborriamo / aborriamo più che morte il servir». A Genova, città repubblicana, risuona un inno in cui il re non è menzionato. Si rivolge invece, fin dall'inizio, ai «fratelli d'Italia».

«Niuno che l'abbia amata tanto»

Non era la prima volta nella storia che un esercito combatteva nel nome dell'Italia. «Italia e libertà» era scritto sugli scudi dei veneziani che il 14 maggio 1509 si scontrarono, purtroppo con altri italiani (oltre che con truppe francesi e spagnole unite dal papa nella Lega Santa), alla Ghiara d'Adda, presso Agnadello, a pochi chilometri da Milano. Erano gli anni in cui nel resto d'Europa si andavano consolidando gli Stati nazionali: Francia, Inghilterra, Spagna, e anche la Polonia, destinata a una sorte travagliata spesso parallela alla nostra (l'inno polacco cita l'Italia, «Włochy», e l'inno italiano cita la Polonia). Ma uno Stato unitario nella penisola non nacque. I veneziani furono sconfitti, e non ci riprovarono; il loro disegno egemonico era un altro, il baricentro del loro impero transnazionale era il Mediterraneo orientale, e i loro interessi erano sul mare.

Andò malissimo pure la prima guerra d'indipendenza. Anche per colpa di Carlo Alberto, troppo preoccupato di non farne una guerra di popolo. Il nizzardo Giuseppe Garibaldi si mette subito a disposizione, con il coraggio disinteressato che l'ha fatto amare da generazioni di italiani, ma viene di fatto respinto dal re. Annota Garibaldi: «Vidi quell'uomo che aveva uccisi dei più nobili figli d'Italia, che aveva condannato alla morte me e tanti altri capi e capii la freddezza del suo accoglimento». Scrive Carlo Alberto, in francese, al ministro della Guerra Franzini: «È assolutamente impossibile accettarli [i garibaldini] nell'esercito, e soprattutto nominare Garibaldi generale. L'esercito ne sarebbe disonorato».

Carlo Alberto vince qualche scontro, ma perde l'occasione di unirsi agli insorti delle città venete. Però, quando l'Austria gli offre la Lombardia in cambio della pace, rifiuta: si combatte per l'Italia, non per ingrandire il Regno di Sardegna. Sconfitto a Custoza, comincia una lunga ritirata che si concluderà solo sul Ticino, dopo un tentativo poco convinto di resistere davanti a Milano (infuriati, i milanesi inveiscono contro il re e qualcuno gli tira pure qualche fucilata). Potrebbe rientrare a Palazzo e riprendere a regnare: una volta ripristinato l'ordine di Vienna in Europa, l'Austria non intende infierire sul piccolo e inquieto vicino; le regole dell'assolutismo e del diritto divino proteggono anche chi le ha infrante. Ma ormai Carlo Alberto ha legato il proprio regno alla causa italiana. All'amico milanese Giorgio Pallavicino Trivulzio scrive: «Noi due abbiamo sempre lo stesso pensiero, l'indipendenza d'Italia. Fu il primo sogno della mia gioventù; esso dura ancora. Io ci muoio dietro». Non erano parole vuote.

L'anno dopo, il 1849, il Piemonte torna in guerra contro l'Austria. Una guerra senza speranza, voluta da Carlo Alberto come un destino. Alla vigilia della battaglia decisiva, alle porte di Novara, il generale polacco Chrzanowski, cui è stato affidato l'esercito piemontese, cerca il re per concordare i piani. Lo trova alle tre del mattino, mentre dorme per terra, avvolto in una coperta di lana, la testa su uno zaino: il sovrano si agita nel sonno, la mano inguantata traccia ordini immaginari nell'aria; i soldati sfilano in silenzio a guardare lo spettacolo, e non ne traggono auspici favorevoli per il giorno dopo.

A Novara l'esercito è sconfitto, ma si batte bene. Scrive Radetzky: «Quei diavoli di piemontesi sono sempre gli stessi e, malgrado il minor numero loro e la stanchezza delle marce fatte, ho creduto più di una volta dovermi ritirare». (Quello stesso 23 marzo 1849 insorge Brescia, e si batterà contro gli austriaci per dieci eroiche giornate.) Carlo Alberto cammina da solo sulle vie battute dal fuoco nemico; invano gli scudieri tentano di trascinarlo via; il re cerca una palla che metta fine alle sue sofferenze. Anche i suoi figli sono salvi per caso; il minore, Ferdinando, duca di Genova, ha avuto due cavalli uccisi sotto di lui. Scrive Massimo d'Azeglio: «Sia salvato almeno il nostro onore nella memoria degli uomini».

Carlo Alberto convoca i generali e i familiari. Chiede se c'è ancora speranza di battersi. Tutti dicono di no. Lui risponde: «Da questo momento io non sono più il re; il re è Vittorio, mio figlio». Parte quella notte stessa, solo con il cocchiere e lo stalliere, in tasca un passaporto intestato a un colonnello in pensione, il conte di Barge. Non si ferma neppure a firmare l'abdicazione, devono rincorrere la carrozza, spiegargli che è necessario.

Carlo Alberto attraversa Novara a occhi chiusi, per non vedere i resti del suo esercito. Lo ferma un posto di blocco austriaco. Dice di essere il conte di Barge. La pattuglia lo scorta dal generale Thurn.

Il re è disperato, teme di essere riconosciuto e finire nelle carceri di Radetzky, e in effetti il generale austriaco l'ha riconosciuto, ma vorrebbe evitargli l'ultima umiliazione. Decide di lasciarlo andare; deve però salvare le forme. Viene chiamato un bersagliere, che trasale trovandosi di fronte il suo re. Thurn gli chiede: «Conoscete quest'uomo?». «Lo conosco bene» risponde il bersagliere. «Attento, potete confermare che si tratta del conte di Barge?» lo indirizza Thurn. «È il conte di Barge, lo conosco bene, è lui senza dubbio.» La via dell'esilio è aperta. Carlo Alberto impiegherà ventisette giorni a raggiungere il Portogallo, e tre mesi a morire.

Sono stato a Oporto a vedere la sua stanza, il suo letto. È in un palazzotto a due piani, alla periferia della città. Tappeti francesi, porcellane inglesi, parquet inchiodato. Una piccola cappella con un inginocchiatoio. Una finestra sul fiume Douro. La stanza in cui morì il re che tentò di fare l'Italia è quella d'angolo. Pare una via di mezzo tra una poesia di Gozzano e il mercato dei mobili usati di Porta Palazzo: fiori sotto una campana di vetro, un comodino di legno a colonna. Un thermos, tre sedie, due poltrone, su cui sedettero gli ultimi visitatori giunti da Torino, Giacinto Provana di Collegno e Luigi Cibrario. Il re morente assicurò di essere pronto, «se mai sorgesse una nuova guerra contro l'Austria», ad «accorrere spontaneo, anche qual semplice soldato»; perché «la nazione può avere avuto principi migliori di me, ma niuno che l'abbia amata tanto».

Il disastro della prima guerra d'indipendenza reclama un colpevole. Lo si trova nel generale Gerolamo Ramorino. Patriota convinto, di idee democratiche, non a caso comandante della divisione dei volontari lombardi, avrebbe dovuto difendere il fronte meridionale dello schieramento. Ingannato dalle manovre austriache, ha infranto gli ordini e ritirato il grosso delle truppe sulla destra del Po. Il processo diventa una questione politica: i liberali e gli anti-austriaci difendono Ramorino; i conservatori e i nostalgici dell'Antico Regime lo fanno condannare a morte. Così un cronista dell'epoca racconta l'esecuzione: «Attraversò il campo non come uomo che dovesse andare incontro alla morte, ma come un generale che stesse per assumere un comando. Gli fu risparmiato l'obbrobrio della degradazione, ma si ebbe la barbarie di collocare dietro la sedia la bara destinata a rinchiuderlo cadavere. Volle morire stando in piedi; e fatto cenno al plotone di avvicinarglisi, pronunciò queste parole: "Muoio vittima del mio troppo amore per la patria. I posteri e il tempo mi giustificheranno". Si sbottonò la giubba e gridò: fuoco! Cadde, colpito al petto e alla fronte».

I meravigliosi studenti di Pisa

«Noi partimmo divisi in due colonne, una da Pisa e l'altra da Firenze, alla volta di Modena. Oh meravigliose a vedere quelle legioni improvvisate, nelle quali il medico, l'avvocato, l'artigiano, il prete, il padrone e il servo marciavano mescolati in culto d'Italia. La sera del 27 maggio, Radetzky esce da Verona con 32 mila uomini e 40 pezzi d'artiglieria. Pensava disfarsi in quattro e quattr'otto di noi varcando il Ticino e mettendosi alle spalle dei piemontesi. La mattina del 29 tutta la mole nemica piomba su di noi. Fummo chiamati all'armi e in men di dieci minuti incomincia il moschettare ... Più volte gli austriaci ci assaltarono e più volte li ributtammo. Una cannonata lì sul ponte rapiva al momento questa cima in geologia di Leopoldo Pilla, che spirò dicendo "non ho fatto abbastanza per l'Italia".»

Ricordo che, quando Carlo Azeglio Ciampi andò da presidente della Repubblica in visita alla Normale di Pisa, dove aveva studiato da ragazzo, sostò a lungo accanto alla lapide con i nomi degli studenti toscani partiti volontari per fare la guerra all'Austria. Al suo fianco c'era la moglie, Franca Pilla, discendente di quel Leopoldo Pilla, docente di geologia, caduto con tanta dignità.

La pagina in cui si racconta la battaglia di Curtatone e Montanara, due comuni del Mantovano dove seimila tra soldati regolari e volontari venuti dalla Toscana e da Napoli ressero l'urto di un numero tre volte superiore di austriaci, è tratta dalle *Memorie* di Giuseppe Montanelli: antenato di Indro, professore all'università di Pisa e volontario come altri trenta colleghi, tra cui Giovanni Battista Giorgini, che aveva trent'anni, insegnava diritto e aveva sposato la figlia di Alessandro Manzoni. Li seguirono 389 studenti su 621, che si unirono ai loro coetanei di Pisa e si misero in marcia, attraverso paesi mobilitati per festeggiarli, verso un massacro.

Arrigo Petacco, uno che la storia la conosce, sostiene che quella battaglia sia un falso mito. Che i volontari toscani «alle prime schioppettate scapparono subito», e gli austriaci si trovarono di fronte i napoletani, che a Curtatone resistettero bene, mentre a Montanara dovettero cedere. Petacco racconta di averne parlato anche con Indro Montanelli, che rispose: «Sì, hai ragione, ma mica me la posso prendere col mi' nonno», e nella sua *Storia d'Italia* avvalora il mito dei volontari toscani.

È vero che molti degli studenti partiti da Pisa non arrivarono sul campo di battaglia, preferendo dare ascolto alle suppliche dei genitori e tornare indietro. Ma è vero pure che quel giorno caddero più di 165 italiani, e centinaia rimasero feriti, consentendo all'esercito piemontese di evitare l'aggiramento e vincere il giorno successivo a Goito.

È un'Italia in armi, quella che fa il Risorgimento. Nel 1848 i volontari si contano a decine di migliaia (mentre oltre la metà dei ventimila lombardi e veneti richiamati dall'impero austriaco disertano). Lo stesso accade nel 1859, quando i volontari si uniscono ai piemontesi e poi a Garibaldi che risale la penisola da Sud. In tanti partivano cantando una canzone che alle elementari ci facevano imparare a memoria. Già all'epoca suonava un po' retorica. Ora che il Risorgimento è poco studiato, nelle scuole dell'obbligo come nelle università, dubito che i nostri figli l'abbiano mai sentita:

Addio, mia bella, addio
l'armata se ne va
e se non partissi anch'io
sarebbe una viltà!

Tra quanti moriranno
forse ancor io morrò
non ti pigliare affanno
da vile non cadrò

Il sacco è preparato
sull'omero mi sta
sono uomo e son soldato
viva la libertà!

Giuseppe Montanelli fu ferito e preso prigioniero. Liberato, tornò in Toscana, dove il granduca Leopoldo gli offrì di guidare un governo costituzionale. Montanelli si ritrovò così tra i protagonisti di una stagione breve ma straordinaria, in cui gli austriaci non avevano ancora ripreso del tutto il controllo della penisola, e sia Firenze sia Roma – rimasta senza papa – tentavano di darsi un governo repubblicano. Finita l'illusione e tornato il granduca, Giuseppe Montanelli, che era a Parigi, fu condannato a dieci anni in contumacia. Fece in tempo a combattere – sempre come volontario, con i Cacciatori degli Appennini – pure la seconda guerra d'indipendenza. Ma era un bastiancontrario, al plebiscito non votò l'annessione, e non gli fu restituita la cattedra alla Normale. Ha scritto Indro Montanelli: «Io non sono il suo erede diretto; ma ne porto il nome e sono nato non solo nello stesso paese e nella stessa casa, ma perfino nella stessa stanza in cui egli morì». Troppo presto: «Sfortunato fino in fondo, premorì a tutti i suoi avversari: errore imperdonabile in un paese come questo dove, per aver ragione, bisogna anzitutto sopravvivere».

Roma è Repubblica

«Essendosi il Padre Santo levatesi le ordinarie sue vesti, la talare e il zucchetto bianco, e le scarpe di marocchino rosso con le croci sù tomai, si vestì da semplice prete, con un paio d'occhiali sul naso ... Usciva dunque così Giovanni Mastai-Ferretti Sommo Pontefice per nome Pio, fuggente, travestito e salvo a mala pena dalla pietà di non pochi suoi fedeli, il dì 24 Novembre del 1848, a ore cinque e mezza della sera, dalla Reggia Quirinale...»

Così la contessa Giraud Spaur, moglie dell'ambasciatore di Baviera a Roma, racconta la fuga del papa. Pio IX va a Gaeta da Ferdinando II, detto Re Bomba perché, dopo aver chiuso il Parlamento e abrogato la Costituzione da lui stesso concessa, ha soffocato la rivolta di Messina con quattro giorni di bombardamento dal mare, seguiti da saccheggi e stragi. Il papa fugge perché non controlla più la situazione. L'amnistia e le sue caute riforme hanno liberato energie represse da troppo tempo. La gran parte dei romani, dal leader del partito moderato Terenzio Mamiani ai capipopolo come Angelo Brunetti detto Ciceruacchio, l'hanno appoggiato all'inizio. Ma ormai Roma è ingovernabile.

Il papa non è riuscito a impedire alle sue truppe di unirsi alla sfortunata campagna piemontese contro l'Austria. Ha tentato di riportare un po' d'ordine affidando il governo a un uomo ostile alla causa nazionale, Pellegrino Rossi, ma gliel'hanno ammazzato subito: un gruppo di giovani con i mantelli a ruota, già volontari della guerra d'indipendenza, gli si sono avvicinati, gli hanno tagliato la gola e si sono dileguati; non si è riuscito neppure a individuare l'assassino. Pio IX ha poi proposto l'incarico all'abate filosofo Antonio Rosmini, che però ha rifiutato. Ora, mentre il Piemonte tenta la rivincita, il papa lascia la sua capitale e si affida alle potenze cattoliche, perché lo riportino sul trono.

Ferdinando gli promette aiuto, e lo accompagna nel pellegrinaggio al santuario della Santissima Trinità, sulla Montagna Spaccata, divisa in due parti – secondo la voce popolare – dal terremoto che percosse il mondo nell'ora della crocefissione. Scrive Claudio Fracassi, nel suo bel libro *La meravigliosa storia della repubblica dei briganti*, che durante l'ascesa il pontefice si fermò come in estasi e, deplorando le «indegnità» che si stavano consumando a Roma, dove ormai dominavano «le tenebre», invocò la benedizione divina sul Re Bomba e sulle sue truppe: «Scotete col braccio della vostra onnipotenza tutti coloro che giacciono fra le tenebre e fra le ombre di morte. Benedite, o Signore, il sovrano che vi sta qui innanzi prostrato, benedite la sua compagna e famiglia. Benedite tutti i sudditi suoi, e la sua onorata e fedele milizia...».

L'onorata e fedele milizia del Borbone, partita verso Roma per restaurare il papa agli ordini del re in persona, sarà messa in fuga dai volontari di Garibaldi e dai bersaglieri di Luciano Manara. Nella capitale avvolta dalle tenebre, i moderati tentano di governare senza rompere del tutto con Pio IX. Ma quando vengono indette per il 21 gennaio 1849 – a suffragio universale maschile – le elezioni per la Costituente, che dovrebbe essere l'embrione del primo Parlamento italiano, Pio IX risponde scomunicando chiunque si recherà alle urne.

Contro ogni aspettativa, il voto è un successo. Si temeva un'affluenza bassissima, a causa del gelo, della neve, del boicottaggio dei preti e soprattutto del disinteresse del popolo, che non soltanto non ha mai votato, ma non ha la minima idea di cosa significhi votare. I circoli democratici hanno lanciato una campagna di informazione basata sul dialogo tra l'ignaro garzone Pippetto e l'esperto calzolaio Gioacchino. Chiede Pippetto: «Insomma, si può sapere cos'è questa Costituente, della quale si sente tanto parlare?». E Gioacchino, paziente: «In ogni città il popolo si raduni dove gli resta più comodo. Ognuno dia il suo voto per eleggere due, tre, quattro persone, e a queste persone date l'incarico di unirsi cogli altri scelti dalle altre province. Le persone scelte si chiameranno i rappresentanti del Popolo. Eccola! Questa è la Costituente!».

È il primo esperimento di democrazia della storia italiana, e paradossalmente avviene in una città senza borghesia, di preti e prostitute, aristocratici e servitori, artigiani e affittacamere. In campagna elettorale nascono giornali dalle testate immaginifiche: «Il Positivo», «La donna bizzarra», «Il Giornaletto del popolo», «La voce di un popolano» e pure «Il Nemico del diavolo zoppo». I teatri ospitano comizi e dibattiti. Artisti e intellettuali si portano a Roma da tutta Italia. Arrivano Filippo De Boni, che Mazzini chiama con affetto «ebreo errante della rivoluzione», ed Enrico Cernuschi, l'eroe delle Cinque Giornate che ha arruolato come portaordini i martinitt, i ragazzi dell'orfanotrofio. Giuseppe Verdi anticipa la sua venuta a Roma, dove il 27 gennaio è in cartellone la prima assoluta della *Battaglia di Legnano*, per assistere l'8 gennaio al suo *Macbeth* al teatro Argentina; gli spettatori lo acclamano in piedi.

I deputati da eleggere sono duecento. I cento più votati dovranno rappresentare gli elettori romani anche nella futura assemblea italiana, che non vedrà mai la luce. Si vota di domenica e di lunedì. Il sabato viene proclamata l'amnistia per i detenuti, tranne i condannati per omicidio e furto aggravato e i recidivi. Nei seggi è esposto un grande cartello, che in quello di Montecitorio rimane illuminato anche di notte: «Chi ama la sovranità del popolo ha lo stretto obbligo di correre a dare il suo voto. Il solo cittadino che ha macchie infamanti non può accostarsi alle urne. Se voi non accorrete a questo sacro dovere è segno che non avete a cuore né onore, né patria. Accorrete. Viva l'Italia».

Accorrono, solo a Roma, in 24 mila, circa la metà dei maschi adulti; ma, annota un cronista, grande fu «l'agitazione di spirito anche delle donne, che esortarono gli sposi a dare il loro voto». La partecipazione supera le previsioni più ottimiste. In tutto lo Stato pontificio votano in 250 mila, più di un terzo degli aventi diritto. A Senigallia, la città di Pio IX, vanno alle urne in 2.307 su tremila. Margaret Fuller, inviata del «New York Tribune», annota: «Il numero dei votanti è superiore, in proporzione, a quello del nostro Paese».

Non si scelgono i partiti, ma gli uomini. E vincono i moderati. I seguaci di Mazzini, che non si è presentato (sarà eletto in un'elezione suppletiva), sono minoranza. Tra gli eletti ci sono 27 possidenti, 53 giuristi e avvocati, un banchiere, 12 professori, due letterati, 21 medici, un farmacista, sei ingegneri, cinque impiegati, due commercianti, 19 militari, un priore e un solo monsignore. A Roma è eletto Carlo Luciano Bonaparte, nipote del grande Napoleone e cugino di Napoleone III, nuovo presidente della Repubblica francese.

Tutte le cancellerie d'Europa valutano – con preoccupazione – che il voto d'inverno è stato un grande successo. Il rappresentante piemontese a Roma scrive a Gioberti, capo del governo di Torino che ancora spera di riportare Pio IX al Quirinale e alla presidenza di una confederazione italiana: «Questo attestato solenne della pubblica volontà dimostra chiaramente essere ormai quasi impossibile una conciliazione tra il popolo romano e il papa». Andrà esattamente così. Dal canto suo, il papa non prende bene le elezioni, definite un «mostruoso atto di smascherata fellonia», «abominevole per l'assurdità della sua origine e l'empietà del suo scopo», «un enorme e sacrilego attentato, meritevole de' castighi comminati dalle leggi sì divine come umane».

I due Giuseppe

A Macerata è eletto per un soffio – tredicesimo su sedici – un marinaio nizzardo che, non potendo combattere per il suo paese, si è fatto un nome in Sud America guidando la flotta uruguaiana contro gli argentini del dittatore Rosas, che l'hanno soprannominato El Diablo. «Uomo della libertà, uomo dell'umanità» secondo Victor Hugo. «Io son fatto per romper i coglioni a mezza umanità» dice lui di sé. I suoi soldati vestono camicie rosse, ma non per ragioni ideologiche; si sono impossessati di un carico di indumenti di lana destinati ai macellai di Buenos Aires; Garibaldi si è convinto così che il rosso non solo nasconde il sangue, ma porta fortuna, e impressiona il nemico.

Quando con il '48 è scoppiata la rivoluzione in Europa, il generale è tornato a Genova, accolto con entusiasmo. Lo accompagnano Andrea Aguyar, gigantesco schiavo nero da lui liberato in Brasile, e 62 legionari. L'ha preceduto di qualche giorno Anita, la ragazza creola che gli ha dato tre figli. Garibaldi si è battuto bene contro gli austriaci in Lombardia. A Firenze Montanelli e Guerrazzi non l'hanno voluto tra i piedi. Dopo una difficile attraversata dell'Appennino, è arrivato a Rieti. Al suo fianco c'è Angelo Masini, Anzlon Maseina per i suoi concittadini bolognesi. A Roma, dov'è già stato ospite delle carceri del Santo Uffizio, lo chiamano Masina. Ministro della Guerra della Repubblica è un piemontese, il generale Giuseppe Avezzana. Presidente della commissione militare è un ufficiale napoletano devoto a Mazzini: Carlo Pisacane.

Garibaldi soffre di reumatismi, e per salire lo scalone della Cancelleria, dove il 5 febbraio 1849 si tiene la prima seduta della Costituente, deve farsi portare a cavalcioni dal suo aiutante uruguaiano, Ignazio Bueno. Appena Carlo Armellini, ministro dell'Interno, prende la parola per aprire i lavori, Garibaldi lo interrompe e chiede che si decida subito se Roma deve essere Repubblica. Il capo dei moderati, Terenzio Mamiani, è contrario: «Quando i francesi pensarono di atterrare il trono di Luigi XVI, avevano trecento e più mila baionette agguerrite e disciplinate. Io mi volgo a guardare intorno di voi, o signori, e non vedo l'esercito che deve eseguire i vostri voleri». Gli risponde un professore di idraulica all'università di Bologna, Quirico Filopanti, citando Danton: «Ardimento, ardimento e ardimento». Proprio l'entusiasmo generale e l'eccitazione crescente, oltre al rifiuto papale di qualsiasi compromesso, inducono un'assemblea di giuristi, scienziati e proprietari agricoli a sfidare Pio IX e a fare di Roma una Repubblica. La proclamazione avviene la sera di giovedì 8 febbraio 1849, alle undici e mezzo. Poco dopo, a Firenze, Giuseppe Mazzini riceve un telegramma: «Roma, Repubblica: venite!».

Anche Mazzini era tornato in Italia dopo i moti del '48, ma senza l'ardimento di Garibaldi. A George Sand, la scrittrice francese che ha visto due giorni in vita sua ma a cui scrive lettere appassionate – «Vi amo con tutta l'anima, amatemi» – confida di sentirsi «triste, debole, affranto». Pessimista, Mazzini lo è di natura; il che non gli impedisce di assumere a volte atteggiamenti velleitari. Negli anni della Restaurazione, ha acceso gli animi della migliore gioventù, e talora l'ha avviata al patibolo. Legatissimo alla madre, le scrive: «Ho sempre avuto l'affetto di quasi tutte le donne che ho potuto conoscere per un po' di tempo. E la ragione è che io stimo e amo assai più le donne che gli uomini». Però non si sposerà mai. Con la donna della sua vita, Giuditta Sidoli, passerà pochi giorni, prima in Francia, poi in Toscana, nel fatale 1848. Alto, magrissimo, fascinoso, del tutto disinteressato al cibo, ai piaceri, alle cose materiali, sempre vestito di scuro, austero sino a rifiutare l'amnistia dei Savoia e a morire da ricercato e sotto falso nome, Mazzini ha avuto il riconoscimento più alto proprio da uno dei suoi nemici, Metternich: «Ho dovuto combattere contro il più grande condottiero [Napoleone], mi è riuscito di mettere d'accordo imperatori, re, uno zar, un sultano e un papa. Ma nessuno sulla faccia della terra mi ha procurato maggiori difficoltà di un manigoldo italiano, emaciato, pallido, straccione, ma facondo come l'uragano, rovente come un apostolo, furbo come un ladro, sfacciato come un commediante, infaticabile come un innamorato: il suo nome è Giuseppe Mazzini». Gli amici lo chiamano, più prosaicamente, Pippo.

Alla testa del governo repubblicano, insieme con Armellini e con il patriota romagnolo Aurelio Saffi, Mazzini dà però prova di moderazione. Mentre vengono smantellati i ruderi dell'Antico Regime, aboliti i tribunali ecclesiastici e l'arresto per debiti, aperte le carceri del Sant'Uffizio – dove si trovano uomini ridotti a larve dopo anni di prigionia per motivi imprecisati –, i triumviri badano a non passare per mangiapreti e sovversivi. Quando i popolani tirano fuori i confessionali dalle chiese di San Carlo al Corso e San Lorenzo in Lucina per preparare le barricate, il governo impone loro di rimetterli a posto: «Le barricate cittadine avranno difesa dai nostri petti». Ciò non impedisce a Pio IX di definire i patrioti «nemici di Dio e del genere umano» e Roma «una selva di bestie frementi».

La capitale senza borghesia, la «città che non fa nulla» come l'ha definita Giacomo Leopardi, è animata da un'imprevedibile smania di battersi. Ovunque spuntano tricolori con la lupa. Quando la Costituente impone ai cittadini di versare cinque milioni di franchi per armare le truppe, le donne gettano dalle tribune i loro gioielli. Pure il devoto Ciceruacchio compone versi che incitano alla lotta: «Un fatto d'armi io vorrei / non più paternostri e giubilei!». Il governo lo mette a capo del rione Campo Marzio, con l'incarico di preparare la difesa della città. Cresce il mito di Garibaldi, che ad Anita scrive, nel suo italiano approssimativo: «Amatissima consorte, ti annunzio che sto bene ... Tu dilli, alle donne italiane, che disprezzino (con quel bello ed efficace disprezzo che possedete voi donne) gl'italiani codardi, gl'italiani sbigottiti; che riserbino i loro baci per i valorosi che sapranno redimere la nostra terra».

Il papa ha chiesto l'intervento armato delle potenze cattoliche: Austria, Spagna, Napoli e Francia. Ma gli austriaci devono prima affrontare i piemontesi, sconfitti a Novara. Poi muovono su Bologna, che si arrende dopo quattro giorni di resistenza popolare. Quindi assediano Ancona, decisa ad accettare battaglia. La Spagna si limita a un intervento simbolico. Il re di Napoli guida truppe demotivate, armate di vecchi fucili a pietra e con lo zaino pieno di amuleti e immagini di santi e madonne, che vengono sconfitte dai garibaldini. Il generale scrive ad Anita: «Ho dei compagni degni dell'Italia: pugnerebbero col demonio». Al suo fianco combatte anche una trasteverina di origine umbra, Colomba Antonietti, ventun anni, moglie del conte Luigi Porzi, diseredato dalla famiglia e persino incarcerato per aver voluto sposare una popolana.

Paradossalmente è proprio la Repubblica francese, retta da un Bonaparte, a intervenire contro la Repubblica romana. Il pretesto è prevenire la repressione austriaca. In realtà, Luigi Napoleone già prepara il colpo di Stato che lo farà imperatore. Il suo animo è combattuto: lui stesso, nel 1831, ha preso le armi contro il papa, suo fratello è morto nella ribellione. E sarà lui stesso, dieci anni dopo, a rendere possibile con le sue armate l'indipendenza italiana. Ma, per il momento, l'intervento a Roma gli assicura l'appoggio dei cattolici e la possibilità di reinserire la Francia nella questione italiana. Diecimila francesi sbarcano così a Gaeta, convinti che non ci sarà bisogno di combattere. Il loro comandante, il generale Oudinot, lo dice in faccia ai rappresentanti della Repubblica, ridendo con fare paternalista: «Les italiens ne se battent pas!».

Cinquecento tra morti e feriti, 365 prigionieri – «tra cui un colosso di capo tamburo» – in mano nemica: il 30 aprile 1848 è una giornata durissima per l'esercito francese. Convinti di dover disperdere pochi fanatici, migliaia di soldati si sono lanciati di corsa giù dal Gianicolo verso Porta Angelica, ma sono stati fermati da un fitto fuoco di fucileria. Intanto Garibaldi con i suoi uomini attacca da Villa Pamphili: dopo scontri feroci alla baionetta, i francesi devono retrocedere. I romani si assiepano al Pincio, e seguono la battaglia in un silenzio assoluto, interrotto da urla di terrore o di gioia, a seconda che il fumo si avvicini o si allontani dalle mura. Le donne si uniscono agli zappatori che scavano trincee o accostano blocchi di marmo per chiudere le strade. Giuseppe Mazzini scrive alla madre: «Cara madre, la lotta è impegnata, finora con vantaggio nostro. L'assemblea è riunita qui nel palazzo del governo ove io sono. Addio: fede e coraggio. Amate il figlio. Giuseppe Garibaldi si fa onore. La città è tutta provveduta di barricate».

I francesi scoprono che gli italiani sanno battersi. E sanno fare politica. L'Aurelia tra Civitavecchia e Roma è piena di cartelli che riproducono l'articolo 5 della Costituzione da poco votata a Parigi: «La Repubblica francese rispetta le nazionalità straniere, com'essa intende di far rispettare la sua; non intraprenderà alcuna guerra a scopo di conquista e non impiegherà mai le sue forze contro la libertà di un altro popolo». Proprio perché la vittoria non può giungere dalle armi ma dalla politica e dalla diplomazia, Garibaldi riceve l'ordine di non inseguire il nemico in fuga. I prigionieri saranno liberati. I romani cantano in loro onore la *Marsigliese*, regalano sigari, offrono vino e li portano a visitare la città. Felici, i francesi promettono che mai più si batteranno contro una Repubblica, mentre il gigantesco capo tamburo rotea festoso la mazza. In cambio, Oudinot libera il cappellano della legione garibaldina, catturato mentre soccorreva un ufficiale nemico: don Ugo Bassi.

Garibaldi, ferito leggermente a un fianco, scrive ad Anita: «Il tuo bello "ponche" è stato bucato da tre palle, e la mia pancia ha resistito a una regolare contusione (Che bello! Se morivo per la pancia)». Purtroppo accadono anche fatti gravi. Alcuni sacerdoti del convento di San Callisto sono assassinati da un gruppo di finanzieri comandato da

Callimaco Zambianchi, un sanguinario contro cui si è già battuto l'uomo inviato da Mazzini a Terracina per reprimere le violenze contro il clero: Felice Orsini.

Sono giornate di gloria, che non possono durare. La Francia ormai ha impegnato il proprio onore militare. Oudinot riceve rinforzi. Ma ai difensori di Roma si sono uniti i seicento bersaglieri lombardi di Luciano Manara. Sono quasi tutti patrioti che hanno rifiutato di arruolarsi nell'esercito austriaco, e dopo la sconfitta piemontese sono stati costretti a fuggire per non finire impiccati. Molti sono monarchici e aristocratici, e diffidano di Mazzini e Garibaldi. Ci sono tre amici lombardi reduci dalle Cinque Giornate, Enrico ed Emilio Dandolo ed Emilio Morosini, che ha solo diciassette anni, e per combattere ha lasciato il liceo di Porta Nuova, che oggi si chiama liceo Parini. Il comandante, Luciano Manara, ha rotto con la moglie Carmelita Fè proprio per la sua scelta di unirsi ai repubblicani. Le scrive: «Le tue lettere, i tuoi rimproveri sulla mia determinazione di cercare sino all'ultimo palmo la terra italiana dove si possa morire liberi, mi hanno fatto vedere quanto le idee materiali siano lungi dalle pazzie dei forti. Ma io sono fatto così ... Tu sei capitata compagna a un uomo che fa dei sacrifici pel proprio paese, che lascia un nome onorato ai suoi figli ... io ti compiango».

All'inizio i garibaldini appaiono a Manara «una truppa immorale, mal vestita, una vera massa di briganti». Ma, dopo averli visti combattere, scrive alla donna che ama, Fanny Bonacina Spini, che Garibaldi è «un diavolo, una pantera». Il generale ricambia l'ammirazione e nomina Manara capo di Stato maggiore.

I francesi si fanno sotto con l'inganno. Oudinot ha lanciato un ultimatum in cui si impegna a non attaccare fino a lunedì 4 giugno. Invece nella notte tra sabato e domenica le avanguardie assaltano Villa Corsini e Villa Pamphili, gli avamposti da cui Garibaldi li ha colti di sorpresa il 30 aprile. Enrico Dandolo cade in una trappola: un ufficiale francese gli grida in italiano «Siamo amici!»; lui pensa che intenda consegnarsi prigioniero e ordina alla compagnia di cessare il fuoco, ma quando gli italiani si avvicinano l'ufficiale si fa da parte e i suoi uomini sparano. Dandolo muore con il petto squarciato, tra le braccia di Morosini, che è anche il fratello della sua fidanzata, cui ha appena scritto una lettera di commiato: «Entro cinque o sei giorni la nostra sorte sarà decisa. Dio voglia proteggerci. Addio, addio, amami. Enrico». Altri francesi si comportano con onore: quando vedono Nino Costa, il pittore, trascinare via due bersaglieri feriti, smettono di sparare e applaudono. Un gruppo di prigionieri rischia di essere linciato dai romani; devono intervenire i garibaldini per salvarli. Un popolano si getta su un francese e quasi gli stacca il naso con un morso: quel pomeriggio una cannonata gli ha distrutto la casa e ucciso le due figlie di sette e sei anni.

La sorte della battaglia è segnata. In un giorno i difensori hanno perso mille uomini. A Garibaldi sono rimasti due soli ufficiali dello Stato maggiore: gli altri sono morti o feriti. «Masina» è stato ucciso mentre si lanciava a cavallo fuori Porta San Pancrazio. In combattimento si è distinto Andrea Aguyar, il luogotenente brasiliano di Garibaldi, promosso tenente e definito dai cronisti «un Ercole di colore ebano, in groppa a un cavallo nero come il volto del padrone». Scrive Fracassi nel suo libro che il capitano polacco Wern, volontario della Repubblica romana, ha sfidato i francesi alzandosi in piedi fuori dalla trincea e invitandoli a colpire la Legion d'onore appesa al suo petto. Le pallottole dei commilitoni di un tempo lo sfioravano, e lui gridava «più a destra!», «più in basso!». Quando un proiettile l'ha colpito di striscio alla testa, qualcuno l'ha trascinato al sicuro. Intanto la banda continua a suonare la *Marsigliese*, l'inno degli assedianti in cui gli assediati riconoscono la loro sete di libertà.

Mentre i giovani combattono, i deputati si riuniscono ogni giorno per scrivere la Costituzione della Repubblica morente. Si fa strada tra le perplessità dei moderati l'idea che la nuova politica nazionale debba anche essere una politica sociale, che la libertà non è tale se mancano i mezzi materiali e culturali per esercitarla. Lo scienziato bolognese Filopanti, lo stesso che ha evocato l'«ardimento» di Danton, fa approvare un articolo che cent'anni dopo sarà ripreso quasi alla lettera dalla Costituzione italiana: «La Repubblica colle leggi e colle istituzioni promuove il miglioramento delle condizioni morali e materiali di tutti i cittadini».

Sono finalmente pronte le camicie rosse, e i garibaldini possono smettere i panni luridi in cui combattono da più di tre settimane. L'assedio è ormai insostenibile. A deprimere gli animi, arriva la notizia che il 19 giugno si è arresa Ancona. Cade Porta San Pancrazio, ma i difensori riescono a tenere una nuova linea difensiva, dentro le mura della città. Colomba Antonietti è ferita a morte. «Ella giunse le mani, volse gli occhi al cielo e morì gridando: "Viva l'Italia!"» scrive «Il Monitore romano» in un articolo intitolato *Martirologio della libertà italiana*. Sotto un mucchio di cadaveri viene trovato anche il corpo nero e gigantesco di Andrea Aguyar.

Nella notte del 30 giugno il posto difeso da Emilio Morosini è circondato. Il liceale milanese è colpito al ventre da una fucilata e da un colpo di baionetta. Quattro compagni lo portano via su una barella ma vengono intercettati dai francesi, Morosini si leva a sedere e sguaina la spada, un colpo di fucile lo colpisce alla testa. Solo allora gli uomini di Oudinot si rendono conto che hanno quasi ucciso un ragazzo. La sua agonia durerà trenta ore, «strappando le lagrime ai nemici stessi» scriverà Emilio Dandolo «che accorrevano a vederlo».

Dandolo vede morire anche Manara. È lui a darne notizia alla moglie: «Una palla colpì il povero Luciano alla bocca dello stomaco e gli uscì dalla schiena. Fece tre passi, e io accorsi e lo presi in braccio. "Ho pochi momenti da vivere", mi disse: "Ti raccomando i miei figli." E mi diede un bacio». L'aristocratico lombardo si è battuto senza speranza sino all'ultimo, fedele a quanto un mese prima aveva confidato a un amico: «Noi dobbiamo morire per chiudere con serietà il Quarantotto; affinché il nostro esempio sia efficace, dobbiamo morire».

Resta Garibaldi. La Costituente lo convoca in Campidoglio per chiedergli consiglio: arrendersi, combattere casa per casa, o lasciare Roma per portare la guerra in Romagna contro gli austriaci, come propone Mazzini? Il generale arriva direttamente dal campo di battaglia. Un testimone ce ne ha lasciato un ritratto di straordinaria potenza: «Madido di sudore, intriso di sangue, coperto di polvere, in volto avvampato. Tutti si alzarono in piedi acclamandolo. Dalle tribune risuonavano dei "bravo" strepitosi».

Garibaldi è d'accordo con Mazzini: la guerra continuerà altrove; «dove siamo noi, c'è Roma». Ma la maggioranza decide di restare e «ricevere impassibilmente i francesi nella città». Così avviene. I ragazzi di strada scherniscono gli occupanti: «Cosacchi! Croati! Servi dei preti!». Qualche francese si avventura nei vicoli di Trastevere e sparisce. Il 2 luglio si tengono i funerali di Luciano Manara: don Ugo Bassi pronuncia l'orazione funebre; la bara passa tra due ali di folla che getta fiori; sarà spedita al Nord con la targhetta «oggetti di storia naturale», per sfuggire ai controlli austriaci, sepolta nella tomba di famiglia dei Morosini a Venezia e poi, nel 1853, traslata nella Villa Manara a Barzanò. Il giorno dopo, martedì 3 luglio, sulla piazza del Campidoglio viene letta la Costituzione che mai entrerà in vigore. Alla fine la folla esplode in un grido: «Viva l'Italia libera!».

Quattromila volontari partono verso Venezia con Garibaldi, che non ha altro da promettere se non «fame, sete, marce forzate, battaglie e morte». Non sono esagerazioni. Anita, che l'ha raggiunto con il piccolo Menotti nonostante sia incinta, muore nelle paludi di Comacchio; don Ugo Bassi, Ciceruacchio e suo figlio Lorenzo, di appena tredici anni, sono fucilati dagli austriaci. Carlo Pisacane morirà suicida il 2 luglio 1857, per non essere linciato dai contadini campani che intendeva liberare dai Borboni. Felice Orsini finirà sulla ghigliottina il 13 marzo 1858, per aver tentato di assassinare Napoleone III.

Il papa non è soddisfatto. Lamenta l'eccessiva mitezza dei francesi. Rientrerà a Roma solo nell'aprile 1850, accolto dalla popolazione con freddezza. L'Ospizio di San Michele a Ripa, divenuto orfanotrofio, viene fatto sgombrare per essere restituito ai cardinali; due ragazzi rimasti senza casa si suicidano gettandosi nel Tevere. Sono ripristinati il ghetto, la tortura, l'Inquisizione. Oltre tremila romani finiscono sotto processo per aver collaborato con la Repubblica. Sino all'ultimo, Pio IX sarà nemico giurato dell'unità nazionale, del liberalismo, della democrazia. Quando, nel 2000, verrà fatto santo, in un paese distratto e dimentico solo la voce del cattolicissimo Francesco Cossiga si alzerà a dire che il Vaticano ha fatto un torto all'Italia.

«Siam pronti alla morte»

Nella difesa della Repubblica romana muore, due mesi prima di compiere 22 anni, il figlio inquieto di un ammiraglio sardo e di una nobildonna genovese, Gotifreddo Mameli, detto Goffredo: l'autore delle parole dell'inno nazionale italiano, musicato da Michele Novaro. Un inno che è nato così, secondo il racconto di Carlo Alberto Barrili, amico e biografo di Mameli.

È una «sera di mezzo settembre», a Torino. Barrili è riunito con altri amici a casa del patriota Lorenzo Valerio. Si provano al pianoforte «parecchi inni sbocciati appunto in quell'anno per ogni terra d'Italia, da quello del Meucci, di Roma, musicato dal Magazzari – *Del nuovo anno già l'alba primiera* –, al recentissimo del piemontese Bertoldi – *Coll'azzurra coccarda sul petto* –, musicato dal Rossi. In quel mezzo entra nel salotto un nuovo ospite, Ulisse Borzino, l'egregio pittore che tutti i miei genovesi rammentano. Giungeva egli appunto da Genova; e voltosi al Novaro, con un foglietto che aveva cavato di tasca in quel punto: "To' – gli disse –; te lo manda Goffredo". Il Novaro apre il foglietto, legge, si commuove. Gli chiedono tutti cos'è; gli fan ressa d'attorno. "Una cosa stupenda!" esclama il maestro; e legge ad alta voce, e solleva a entusiasmo tutto il suo uditorio».

A questo punto Barrili fa parlare Novaro, che ricorda così quella sera fatale: «Io sentii dentro di me qualche cosa di straordinario, che non saprei definire adesso, con tutti i ventisette anni trascorsi. So che piansi, che ero agitato, e non potevo star fermo. Mi posi al cembalo, coi versi di Goffredo sul leggio, e strimpellavo, assassinavo colle dita convulse quel povero strumento, sempre cogli occhi all'inno, mettendo giù frasi melodiche, l'un sull'altra, ma lungi le mille miglia dall'idea che potessero adattarsi a quelle parole. Mi alzai scontento di me; mi trattenni ancora un po' in casa Valerio, ma sempre con quei versi davanti agli occhi della mente. Vidi che non c'era rimedio, presi congedo e corsi a casa. Là, senza neppure levarmi il cappello, mi buttai al pianoforte. Mi tornò alla memoria il motivo strimpellato in casa Valerio: lo scrissi su d'un foglio di carta, il primo che mi venne alle mani; nella mia agitazione rovesciai la lucerna sul cembalo e, per conseguenza, anche sul povero foglio; fu questo l'originale dell'inno *Fratelli d'Italia*».

L'inno di Mameli, quindi, rischiò di finire bruciato. Prima ancora, forse, le sue parole erano state rubate. Più di una fonte sostiene infatti che il giovane Goffredo si sia appropriato di un testo scritto dall'anziano padre scolopio Atanasio Canata, priore del convento di Carcare, nell'entroterra di Savona, dove Mameli era di casa: dagli scolopi, più aperti dei rigidi gesuiti, aveva studiato, e nel convento ora insegnava e trovava rifugio quando aveva guai con la polizia, che lo sorvegliava. Padre Atanasio – dal greco: immortale – era patriota e poeta, impregnato delle idee di Gioberti, che sognava di conciliare cattolicesimo e liberalismo (e in effetti il nostro inno sostiene che «l'unione e l'amore / rivelano ai popoli / le vie del Signore»). Il verso «la patria chiamò» conclude un'ode proprio di padre Atanasio. E altre rime, rivolte forse a Goffredo, sembrano denunciare il plagio:

Meditai robusto un canto
ma venali menestrelli
mi rapìan dell'arpa il vanto
sulla sorte dei fratelli
non profuse allor che pianto
e aspettando nel suo cuore
si rinchiuse il pio cantore.

E ancora:

E scrittore sei tu? Ciò non ti quadra
… una gazza sei tu, garrula e ladra.

Non è escluso quindi che l'inno di Mameli non fosse del tutto suo. Ma, in fin dei conti, che importanza ha? «Il sangue gli appartiene» avrebbe detto Cyrano de Bergerac. Fu Mameli a portare *Il canto degli italiani* nella sua Genova, dove venne intonato per accogliere il poco amato Carlo Alberto e spingerlo alla guerra contro l'Austria (i genovesi amavano così poco i piemontesi e odiavano così tanto gli austriaci da insorgere ancora dopo Novara, nella speranza di continuare la guerra: speranza spenta dal generale La Marmora a cannonate, forse la pagina più nera di quegli anni straordinari). È Mameli a girare freneticamente l'Italia ovunque ci sia da combattere, e ora è con i volontari di Bixio a Milano dove conosce Mazzini, ora affronta gli austriaci nell'Alta Lombardia, ora è ad Ancona per invitare i marinai a partire in soccorso di Venezia, ora a Roma tra i volontari che difendono la città, e ovunque scrive poesie, odi, proclami. Quando deve mandare un telegramma a Mazzini, però, impiega tre sole parole. È lui a scrivere: «Roma, Repubblica: venite!». Diventa aiutante di campo di Garibaldi. E sulle mura di Roma viene ferito a morte, in un assalto fuori Porta San Pancrazio, colpito al ginocchio da un proiettile o dalla baionetta di un compagno. La ferita fa infezione, la gamba viene amputata ma ormai la cancrena non può essere fermata. Nel delirio dell'agonia, il ferito continua a declamare versi. Mazzini gli scrive: «Ricordatevi che sono stato e sono con voi, che avrei dato anni di vita per salvarvi, giovane e prode come siete, dall'amputazione, ma non si poteva... Fido in voi e nel vostro coraggio morale».

Goffredo Mameli muore il 6 luglio 1849. E mostra che quelle parole che oggi suonano così lontane dalla nostra sensibilità – «siam pronti alla morte» – non erano parole vane. (Mi è capitato di fare questa osservazione in un'importante rassegna estiva, a un dibattito davanti a centinaia di persone, in cui l'inno veniva come d'abitudine dileggiato. Un noto conduttore televisivo mi rispose che «quindi Goffredo Mameli portava pure sfiga». La platea esplose in una risata corale, e io giurai a me stesso che non avrei mai rimesso piede in quel luogo.)

Mameli fu sepolto prima a Santa Maria in Monticelli, vicino all'ospedale dov'era morto. Poi il chirurgo che l'aveva operato lo fece trasportare nella chiesa delle Stimmate, mettendo la targa con il nome dentro la cassa, per evitare la sorveglianza pontificia. Due anni dopo la liberazione di Roma, il 9 giugno 1872, si celebrò il vero funerale: migliaia di persone accompagnarono Mameli al Verano, intonando *Fratelli d'Italia*. Oggi riposa al Gianicolo, accanto agli altri caduti per la difesa di Roma.

Il Risorgimento del Sud

Al generale Nunziante, che durante il processo sommario gli prometteva la salvezza in cambio dei nomi dei compagni, Rocco Verduci rispose: «Che domande incivili! E chi mai potrebbe riscattare la vita con il prezzo di tanta vergogna! Io credo che voi, generale, da soldato d'onore non avreste la forza di consigliarmelo».

Non soltanto il nome di Rocco Verduci è se possibile più ignoto ancora di quello del generale Perotti, che un secolo dopo si comportò nello stesso modo di fronte ai carnefici. In genere, è il contributo del Sud al Risorgimento a essere ignorato. Il Mezzogiorno evoca sbarchi di patrioti accolti dai contadini con i forconi, come accadde al napoletano Pisacane a Sapri, o dai gendarmi dopo la delazione di un compagno, come sperimentarono i veneziani Attilio ed Emilio Bandiera a San Giovanni in Fiore. Meno noto è che i Bandiera, figli di un ammiraglio, ufficiali della marina austriaca, fecero vela sulla Calabria perché a Cosenza erano scoppiati moti sedati dai Borboni con ventuno condanne a morte, di cui sei eseguite (i due fratelli saranno fucilati nel vallone di Rovito il 26 luglio 1844, con altri sette compagni. Ora sono sepolti nella loro città, in San Zanipòlo, come a Venezia chiamano la chiesa dedicata a Giovanni e Paolo, accanto alle tombe dei dogi).

Scrive Vito Teti, appassionato studioso della storia calabrese, che un'intera generazione di borghesi meridionali – giovani ufficiali, medici, avvocati, religiosi –, appartenenti a una classe in ascesa ma mortificata dai Borboni, entra in contatto con le idee di Mazzini e di quanti parlano di Italia unita. Sono i protagonisti di moti che nel 1829, nel 1837, nel 1844 anticipano quanto accadrà in tutta la penisola. E molti di loro sono calabresi, figli di una terra che non ha la centralità di Napoli e il fascino quasi esotico della Sicilia, avara di miti letterari, a volte considerata ai margini dell'Italia e della storia, e che invece è protagonista negli anni frenetici che preparano l'unificazione.

L'epicentro dei moti è tra Reggio e Roccella, in particolare nei 39 comuni del distretto di Gerace. I capi sono giovani laureati in giurisprudenza, formatisi a Napoli e tornati a casa contagiati dalle idee patriottiche: Rocco Verduci ha 23 anni, Pietro Mazzoni 28, Gaetano Ruffo 25, come Domenico Salvadori e Michele Bello. È proprio Bello l'incaricato di suscitare la rivolta a Gerace, in sostegno di quella che Domenico Romeo sta preparando a Reggio. Anche Messina è pronta a insorgere. Bello ha un certo credito presso i poveri, perché li ha aiutati durante la carestia dell'anno precedente. Il 2 settembre viene nominata una giunta provvisoria, presieduta dal canonico Paolo Pellicano e che comprende altri ecclesiastici, baroni, borghesi. Antonio Bonafede, capo della guarnigione borbonica, l'uomo che ha catturato i fratelli Bandiera, è preso prigioniero: Verduci vorrebbe passarlo per le armi; Bello ordina che non gli sia fatto alcun male. I patrioti marciano su Bovalino, Ardore, Siderno, Gioiosa Jonica. Abbattono gli stemmi borbonici, aboliscono la tassa sul macinato e il divieto di attingere acqua dal mare per trarne il sale. Si chiede la Costituzione, si sventolano bandiere tricolori, si lanciano i cappelli in aria in segno di giubilo. Si grida «Viva Pio IX!» e «Viva l'Italia!».

«Viva l'Italia!» grideranno Bello, Ruffo, Salvadori, Mazzoni e Verduci davanti al plotone d'esecuzione, comandato dagli ufficiali borbonici che in una settimana hanno ripreso il controllo del distretto. Verduci in particolare indispettisce i funzionari del re per il suo rifiuto di collaborare e per la sua storia familiare: il nonno, di cui porta il nome, è stato tra i fondatori della Repubblica partenopea; il padre, Antonio, era affiliato alla Carboneria.

L'insurrezione di Messina è fallita, quella di Reggio soffocata nel sangue, Domenico Romeo decapitato. Il processo ai giovani di Gerace dura una sola notte. Bonafede chiede un giudizio rapido e testimonia contro di loro. Una ragazza, Teresa Malafarina, affascinata dal coraggio di quei ragazzi, impazzisce per il dolore; mentre il vescovo monsignor Luigi Maria Perrone, il primo a informare il ministero dell'Alta Polizia che «un'orda di scellerati» era insorta contro il sovrano, esulta per la fucilazione tenendo un'omelia sul tema «Moestitia nostra conversa est in gaudium». In segno di disprezzo, i corpi dei martiri saranno gettati nella «lupa», la fossa comune. Disseppelliti e ricomposti dalla popolazione nel 1848, vengono rimessi nella fossa per volere del colonnello De Flugy, che re Ferdinando ha mandato a rimettere ordine in paese dopo aver abrogato la Costituzione. E ancora attendono di essere disseppelliti dall'oblio cui sono stati condannati, insieme con le tante storie del Risorgimento meridionale.

San Martino

Poi, finalmente, venne il giorno della vittoria. Il giorno in cui «Viva l'Italia!» non fu gridato da un eroe morente, ma da un esercito trionfante, sia pure ad alto prezzo di sangue.

È il 24 giugno 1859, uno dei giorni più lunghi dell'anno: si combatte dall'alba al tramonto, nell'afa interrotta verso le 5 del pomeriggio da un temporale; e ancora all'imbrunire gli austriaci tentano invano di riprendere San Martino. Sulle colline dell'anfiteatro morenico che circonda il lago di Garda si battono brigate che portano i nomi di piccole città e paesi, la Cuneo, la Casale, la Acqui, la Pinerolo, la brigata Aosta, lanciate all'assalto senza l'appoggio dell'artiglieria, guidate da generali che non hanno il genio del comandante nemico feldmaresciallo Benedek ma cadono al fianco dei loro soldati; e prima la Cuneo perde il comandante generale Artieri, sostituito dal colonnello Beretta, fulminato a sua volta da un proiettile e rimpiazzato dal tenente colonnello Gibbone... Puri nomi, divenuti crani accatastati nella cappella di San Martino, in un sacrario che nessuno visita se non per vergare stupidaggini sulla Padania o sulle squadre di calcio che nessuno si occupa di cancellare. Ufficiali, reclute, giovani volontari: tutti morti dimenticati.

Molti di loro erano giunti per combattere da ogni parte d'Italia, e non potevano capire alla lettera l'esortazione che Vittorio Emanuele aveva urlato dall'alto della collina di Castel Venzago – «Fieui, o i pioma San Martin, o j'àuti an fan fé San Martin a noi!» –; ma di certo ne afferrarono il significato (il 12 novembre, giorno di san Martino, scadevano i contratti colonici e i mezzadri partivano con le loro mercanzie; ancora oggi in piemontese «sanmartin» è il trasloco).

Le battaglie fondative delle nazioni sono celebrate all'estero da cerimonie, trasmissioni televisive, film, romanzi. I 150 anni della battaglia di San Martino e Solferino sono caduti nel vuoto. Era previsto un incontro tra Napolitano e Sarkozy, che però è rimasto a Parigi. L'Italia ha dimenticato la battaglia da cui è sorta. Se n'è ricordata la Croce Rossa, fondata da un mercante di guerra, lo svizzero Henry Dunant, impressionato dall'agonia senza soccorso di migliaia di soldati italiani, francesi, austriaci (al concerto di Solferino per i 150 anni della Cri si sono ritrovati Francesco De Gregori e Lucio Dalla, e lì nacque l'idea della loro seconda tournée, trent'anni dopo «Banana Republic»).

Va detto che neppure i contemporanei capirono che l'Italia a Solferino e a San Martino era nata davvero. Anche perché, dopo la vittoria, Napoleone III si tira indietro, e tratta l'armistizio con l'altro imperatore, il giovane Francesco Giuseppe, marito della principessa Sissi, lei sì molto celebrata dalle fiction televisive. Cavour si precipita al fronte nella speranza di far proseguire la guerra, e si scontra duramente con Vittorio Emanuele, in un colloquio di cui non conosciamo con esattezza i termini – Costantino Nigra prima di morire farà bruciare i suoi appunti – ma che ha il suo punto più aspro quando Cavour dice (in piemontese) di essere lui il re, e Vittorio Emanuele esplode: «Chiel? Chiel a l'è il re? Chiel a l'è 'n birichin», lei è un bricconcello.

Poi il conte telegrafa al reggente principe di Carignano: «La pace è conclusa. Essa sarà firmata domani. Lombardia e Ducato di Parma al Re. Legazioni indipendenti sotto la sovranità del papa. Duchi di Toscana e Modena rimessi sul trono. Ho dato le mie dimissioni che il Re si è degnato di accettare. Vogliate informare i miei colleghi sotto vincolo del segreto». L'uomo che ha fatto l'Italia era anche un grande giornalista. Quindi scrive alla sua donna, Bianca Ronzani: «Sento un tale spossamento che mi rende avvertito essere pur troppo per me cominciata la vecchiaia; vecchiaia prematura, cagionata da dolori morali d'impareggiabile amarezza».

Cavour pensava a un vasto regno dell'Italia centro-settentrionale, che in un primo tempo potesse esercitare la propria egemonia sul resto della penisola in modo più efficace che non occupandolo. E temeva che l'armistizio di Villafranca avrebbe bloccato tutto. Invece la sconfitta militare fece crollare l'impalcatura del dominio austriaco. Garibaldi demolì quella del dispotismo borbonico. I patrioti modenesi, bolognesi, fiorentini impedirono il ritorno dei vecchi padroni. E anche il popolo italiano fece la sua parte. In particolare le donne. Qualcuna con il sistema millenario del fascino femminile. Altre uscendo dai salotti e salendo sulle barricate, in una mobilitazione che è stata ingiustamente rimossa.

Il Risorgimento delle donne

«Non so se sono figlia di Napoleone III o del principe Poniatowski, discendente del re di Polonia, o di un altissimo prelato vaticano o...» A leggere l'inizio della sua autobiografia (mai completata), dal sobrio titolo *La più bella donna del secolo*, verrebbe da pensare che l'autrice sia una mitomane. Eppure la madre di Virginia Oldoini, passata alla storia come la contessa di Castiglione, in gioventù frequentò davvero Luigi Napoleone quando non era imperatore ma un carbonaro esiliato a Firenze, così come conobbe sia il futuro segretario di Stato Giacomo Antonelli sia Giuseppe Poniatowski, che dopo esser stato cavalier servente e amante della madre lo diverrà della figlia; come del resto accadrà a Napoleone III.

Urbano Rattazzi, che dopo la morte di Cavour sarà presidente del Consiglio, la definì «vulva d'oro del nostro Risorgimento». Lei scrisse di sé: «Ho fatto l'Italia e ho evitato al papa di dover fuggire da Roma». Di sicuro la contessa di Castiglione fu una donna straordinaria, molto in anticipo sui tempi. Bellissima, ed emancipata. Innova la corte incartapecorita di Torino e sconvolge quella brillante di Parigi. Cambia la moda, sostituisce alla crinolina cara all'imperatrice spagnola Eugenia abiti attillati e scollati, insegna alle altre dame a gettar via i mutandoni e riscoprire la giarrettiera; è la prima a usare lenzuola di seta colorate, soprattutto di nero, verde e viola, e a sperimentare la nuova arte della fotografia. Non indossò mai un abito più di una volta. Nell'inverno del 1863, prima di un ballo a corte, un giornale di Parigi annuncia che l'«Italienne» sarà vestita come Salammbô, la vergine cartaginese protagonista del romanzo di Flaubert, avvolta solo nel velo sacro della dea Tanit. Non è così, Virginia arriva con un vestito di velluto nero che scopre solo la schiena, ma i giornali di Torino non si curano di verificare la notizia e «L'Italia» titola: *La contessa di Castiglione seminuda alle Tuileries*. Il marito, conte Francesco Verasis di Castiglione, sposato come lasciapassare per la corte sabauda, consapevole del suo ruolo ma intollerante degli sfregi, sfida il giornalista a duello.

Ma la contessa non sconvolge soltanto la moda e i costumi sociali. Fa politica. Il suo contributo alla causa italiana, ingigantito dai divulgatori e ignorato dagli accademici, non può essere valutato con esattezza perché le lettere, i documenti, le pagine del diario sulla sua relazione con l'imperatore Napoleone III sono stati distrutti dopo la sua morte. Di sicuro Cavour, suo lontano parente, le affidò una missione, di cui resta traccia nell'epistolario: «Riuscite, cara cugina. Usate tutti i mezzi che vi pare, ma riuscite». La sua idea è inviare alla corte di Parigi una donna che possa «charmer politiquement l'Empereur, coqueter avec lui, le séduire s'il le fallait», se necessario. E l'unica donna che, per la leggendaria bellezza e la spregiudicatezza fuori dal tempo, possiede il profilo adatto è la contessa di Castiglione.

Quando parte per Parigi, con l'obiettivo di entrare nelle grazie dell'imperatore, Virginia ha solo diciotto anni, ma ha già incantato Torino. Le fantesche la chiamano Virginicchia, Massimo d'Azeglio, infatuato di lei, le abbrevia il diminutivo in Nicchia, e così sarà negli anni a venire. Prima della partenza, Vittorio Emanuele va a salutarla in incognito, passando per il giardino del palazzo avvolto in un tabarro scuro. Ma i favori del sovrano non impediscono alla contessa di mandargli a dire, attraverso un intermediario: «Vi avverto che ho tolto dal muro del mio salotto il ritratto del vostro re, sostituendolo con quello del mio cane». Nel suo diario usa un cifrario privato: e sta per «embrassements»; b per «baises»; f per il resto; AB per «al battelliere», allusione alla Maddalena che si diede al barcaiolo per un passaggio; PR significa «pour revanche», per vendetta; FF «fifty-fifty», metà amore metà interesse.

A Parigi il geniale Costantino Nigra, altro protagonista del Risorgimento poco ricordato, ha creato un clima di attesa, che la contessa saprà sfruttare in modo magistrale. «È una Venere discesa dall'Olimpo!», così la principessa di Metternich commenta la sua prima apparizione alle Tuileries. Nigra le scrive: «Fatevi bionda, tanto bionda perché le bionde piacciono. Bisogna farlo! Mi avete capito?». Alain Decaux, biografo della contessa, ha ritrovato una lettera sfuggita al rogo in cui Virginia fissa all'imperatore un appuntamento, per parlare «del paese cui Napoleone è affezionato»: l'Italia. La storia tra i due è già cominciata. Virginia considera l'imperatore non il suo amore, ma il suo capolavoro: non a caso chiederà di essere sepolta «con la camicia da notte di Compiègne del 1856», un indumento che le stava in un pugno e che per tutta la vita custodirà in un'urna di cristallo da mostrare agli amici intimi, come cimelio della prima notte con Napoleone III. La spregiudicatezza di

Virginia ben si adatta al clima libertino del Secondo impero: l'amante dell'imperatore recita nei *tableaux vivants* che alla reggia mettono in scena il mito greco, diventa Artemide cacciatrice, Elena rapita da Paride, Afrodite che nasce dalla spuma del mare.

L'imperatrice è furibonda. Ed è probabilmente lei a incastrarla. Napoleone rischia di cadere in un agguato mentre esce dalla casa parigina della contessa. Il presunto attentatore muore pugnalato, a nascondere non tanto un complotto quanto una messinscena della scaltra spagnola Eugenia, che vede nella causa italiana un pericolo per la stabilità dell'impero e in Virginia un affronto al suo matrimonio.

La rivale rientra a Torino, ma continua a usare il proprio fascino per irretire gli uomini. Prossima vittima sarà il barone Rothschild. Matilde Poniatowski, moglie del principe, le scrive: «Ascoltami, metti a mia disposizione la tua "bella cosina" (in italiano nel testo), ma non fargliela toccare fino a quando il nostro affare non sarà concluso»; l'affare è una grande speculazione di Borsa legata all'intervento francese a fianco del Piemonte. Anche nel 1866, al tempo della disastrosa terza guerra d'indipendenza, Virginia venderà agli speculatori le informazioni che le arrivano dal fronte con la posta cifrata.

Il suo declino è malinconico ma vitale, in linea con il personaggio. Colleziona amanti, irretisce il giovane principe Umberto, che le manda un suo ritratto e continuerà a pagarle i debiti anche quando lei si ritirerà in una solitaria mansarda di Parigi. Resta la storia di una donna dalla modernità incompresa o strumentalizzata dai suoi contemporanei. Lei non perderà mai il colpo d'occhio, anche politico. Nel 1869, dopo aver incontrato alla corte di Napoleone III, dov'è stata riammessa, il cancelliere prussiano Bismarck, avverte la diplomazia italiana: «L'ho visto guardare l'imperatore con certi occhi che mi hanno fatto paura. Pensateci!». L'anno dopo la Prussia sbaraglierà l'esercito francese a Sedan, e gli italiani potranno entrare indisturbati a Roma.

Ma le donne nel Risorgimento sono molte. La storia restituisce soprattutto i nomi delle aristocratiche, ma furono migliaia le borghesi e le popolane mandate sotto processo, talvolta in carcere e anche sul patibolo. Alcune furono al fianco dei loro uomini e dei loro figli. Altre stilarono proclami, raccolsero fondi, portarono messaggi nascosti sotto le vesti, e presero le armi.

Nel 1848 le donne della borghesia cittadina italiana sono sulle barricate. Ammucchiano masserizie, confezionano cartucce, portano viveri, organizzano infermerie. A Brescia, Carolina Santi Bevilacqua allestisce un ospedale da campo al seguito dell'esercito piemontese, dove morirà il figlio Girolamo. A Venezia, le donne fondano la «Pia associazione per supporto ai militari», guidata da Elisabetta Michiel Giustinian e Teresa Perissinotti Manin, che si occupa di equipaggiare e curare le truppe che resistono agli austriaci. A Roma, nel 1849 Mazzini affida la direzione del comitato di soccorso ai feriti a una sorta di triumvirato femminile: Giulia Bovio Paolucci, Enrichetta Di Lorenzo, compagna di Carlo Pisacane, e Cristina Trivulzio di Belgioioso, la principessa ritratta da Hayez, che ha ispirato a Stendhal la figura della protagonista de *La Certosa di Parma*, ha partecipato alle Cinque Giornate, ha portato da Napoli in Lombardia un battaglione di duecento volontari per combattere gli austriaci; per rappresaglia, Radetzky le ha sequestrato i beni. Le tre donne reclutano centinaia di infermiere. I giornali del Regno borbonico le definiscono «meretrici infami».

Il loro modello è Anita Ribeiro da Silva, la moglie di Garibaldi, che, incinta, si batte al suo fianco sino alla morte. Alcune aderiscono alla Carboneria e alla Giovine Italia. Spiate dalla polizia, denunciate dai delatori, talora sono costrette all'esilio, come Elena Monti d'Arnaud, Teresa Confalonieri, Bianca Milesi, Luisa Blondel, moglie di Massimo d'Azeglio. Nel '48 nascono i primi giornali: «La Tribuna delle donne» a Palermo, «Il Circolo delle donne italiane» a Venezia, «La donna italiana» a Roma. Si cospira anche nei salotti, come in quello di Clara Maffei, amica di Verdi e Manzoni.

Ma il Risorgimento non fu solo cospirazioni e battaglie. Come ha scritto Nadia Maria Filippini, il Risorgimento fu prima di tutto «processo di consapevolezza e di identità nazionale, mobilitazione delle coscienze, rinascita morale e civile»; e il ruolo delle donne fu fondamentale nel costruire l'identità nazionale attraverso l'educazione, il cambiamento dei sentimenti e dei costumi, l'azione sotterranea di ogni giorno che come una goccia cinese cambia il corso delle cose.

Lo Stato e la società nati dal Risorgimento non seppero capire il cambiamento delle italiane. Non compresero la manifestazione del 21 ottobre 1866, quando nella piazza San Marco che festeggia il ricongiungimento di Venezia all'Italia le donne venete sfilano con un fazzoletto bianco a esprimere «l'amarezza e l'umiliazione» per la loro esclusione «da tutto ciò che si attiene al governo della cosa pubblica», come scrivono in un messaggio al re. E il re, che ama le donne ma non le vede in politica, non accoglie il «Suffragio delle donne dell'Italia meridionale a Sua Maestà», che definisce «ingiusta e ingrata la nuova società, la quale nega affatto ogni diritto politico alla parte più viva e più influente dell'umano consorzio».

Le patriote dovranno accontentarsi di una medaglia o di un anello a pietre tricolori, dono galante del sovrano. La nuova Italia pensa la donna al più come «mater dolorosa» che offre in sacrificio la sua prole, come Adelaide Cairoli, che perde quattro figli al seguito di Garibaldi (ma il primogenito diventerà presidente del Consiglio). Riesce più difficile accogliere nel pantheon della nazione Marianna De Crescenzo, che a Napoli ha capeggiato uno squadrone di armati, e accoglie Garibaldi con lo scialle in spalla e il pugnale alla cintura.

Uno scatolone di merluzzo per un Regno

Anche per il generale è arrivato il momento della vittoria. Nel 1860, Giuseppe Garibaldi ha già cinquantatré anni. È l'italiano più popolare al mondo, e resterà il solo tra i protagonisti del Risorgimento ad assurgere a fama universale.

Ungheresi e polacchi, esuli e prigionieri politici, ogni popolo senza patria e senza libertà lo venera come un santo, ha nelle case un suo ritratto, grida il suo nome nei cortei. I pittori lo ritraggono, i giornalisti lo intervistano, le prime fotografie che circolano per l'Europa sono le sue. Scrivono di lui Victor Hugo e Alexandre Dumas, Karl Marx e Friedrich Engels. Fioriscono biografie romanzesche come quella della scrittrice francese Louise Goëthe, secondo cui Garibaldi è nato su una barca a remi, a nove anni ha ucciso il capo dei pirati che avevano abbordato la sua nave, è stato brigante e precettore di una contessina che si è innamorata di lui, ha bruciato il castello del conte che si opponeva alle nozze, celebrate nei boschi da un eremita, poi ha sedotto altre donne in Tunisia e infine ha sottratto la fidanzata creola al dittatore argentino Rosas. Lui ama dire di aver avvistato Anita con il cannocchiale in mare e di aver esclamato: «Tu devi essere mia!». Le riviste lo raccontano con una barba da diavolo, i capelli lunghi sulla schiena e ornamenti da filibustiere. Gli inviati britannici che lo incontrano durante la seconda guerra d'indipendenza annotano, con compiacimento e una punta di delusione, che porta i capelli e la barba corti sull'uniforme di generale dell'esercito piemontese, non gesticola ma parla lentamente e ha «una sana carnagione inglese» e i modi «da ufficiale britannico». Porta pure gli occhiali.

Garibaldi è già un eroe, ma sente di non aver combinato ancora niente. Le sue prime imprese sono avvenute in un altro continente e in un altro emisfero. Nella prima guerra d'indipendenza ha fatto in tempo a tirare qualche sciabolata agli austriaci sul lago Maggiore, quando dopo la resa del Piemonte tutto era finito. Nel 1849 si è battuto come un leone, ma invano, per la difesa di Roma, e non è riuscito a raggiungere Venezia, sfuggendo miracolosamente alla cattura e perdendo l'amata Anita. Poi ha vissuto dieci anni grigi. Ha ottenuto dal governo sabaudo di sbarcare a Nizza per salutare l'anziana madre e i tre figli Menotti, Teresita e Ricciotti, a patto di ripartire subito. È stato in America, ospite di Antonio Meucci, e ha lavorato per lui nella sua fabbrica di candele, a «far lucignoli». Un giorno, preso dall'ansia di fuggire, è andato al porto di New York a cercare un imbarco su una nave qualsiasi, ma i marinai giovani e robusti non gli hanno neppure risposto. Siccome nevicava, ha chiesto di poter lavorare come scaricatore, anche gratis, solo per scaldarsi; gli hanno detto di tornarsene a casa. Nizza però non è più casa sua. Ormai gli pare più francese che italiana. Ha scoperto un'isoletta sarda al largo della Maddalena, uno scoglio dove allevare bestiame, coltivare l'orto, prendere al lazo i cavalli, raccogliere i suoi libri: Caprera. Ha avuto molte donne, spesso straniere e aristocratiche, ma in nessuna si è riconosciuto come in Anita. La sua cameriera gli ha dato una figlia, che morirà di meningite. Il 24 gennaio 1860 ha sposato la marchesa Giuseppina Raimondi, 17 anni, che dice di amarlo, ma dopo le nozze ha scoperto che lei è incinta di un altro; indignato, chiede l'annullamento del matrimonio, che arriverà dopo vent'anni.

Garibaldi ha rotto con Mazzini. Non vuol più saperne di un «sistema che considera dovere degli italiani l'organizzare la sconfitta perpetua, la decimazione a cinque o a dieci per volta dei giovani più franchi ed arditi». È stanco di insurrezioni fallite: «Io non dirò agli italiani: Sorgete!, per far ridere la canaglia». È disposto a combattere per i Savoia: «Sono sempre stato repubblicano, tutta la mia vita, ma ora non si tratta della repubblica. Le masse italiane, io le conosco meglio di Mazzini; ho vissuto in mezzo a loro, la loro vita. Mazzini conosce l'Italia colta, e ne domina gli spiriti, ma con essi non si mette insieme un esercito per scacciare gli austriaci e il papa; per le masse, per il popolo italiano, v'è una sola bandiera: l'unità e la cacciata degli stranieri! E come si può arrivare a ciò, se ci si tira addosso l'unica forte monarchia italiana, la quale, poco importa per quali motivi, è disposta a impegnarsi per l'Italia?».

Nella seconda guerra di indipendenza, però, non ha combinato granché. Ha preso, e perso, prima Varese e poi Como. È entrato in Brescia, si è battuto bene contro gli austriaci, ma su un fronte secondario. La guerra l'hanno vinta i francesi. Emiliani e toscani l'hanno voluto capo del loro esercito, ma si è dovuto dimettere: nell'ora in cui occorreva la diplomazia per evitare il ritorno degli antichi sovrani e l'intervento austriaco, lui voleva menare le mani e portare la guerra nello Stato pontificio, protetto da Napoleone III. Resta la Sicilia, da sempre ribelle ai Borboni. Resta il Sud, presidiato da un esercito che ha già battuto.

Garibaldi, però, non vuole fare la fine di Pisacane. Spiega di essere pronto a intervenire, ma per sostenere un'insurrezione, non nell'illusione di provocarla. Sa di non avere alcun esercito, alcun governo alle spalle; solo la simpatia dell'Inghilterra e la benevolenza del Piemonte, disponibile a chiudere un occhio sui suoi preparativi di guerra ma non ad appoggiarlo, pronto ad approfittare delle sue vittorie ma a disconoscerlo in caso di sconfitta.

Le notizie dalla Sicilia sono pessime. Il 27 aprile arriva un telegramma cifrato da Malta. Francesco Crispi, l'unico ad avere il codice d'interpretazione, legge: «Completo insuccesso nella provincia e nella città di Palermo. Molti profughi su navi inglesi giunti a Malta. Non vi muovete». Garibaldi decide di rinunciare, congeda i volontari arrivati da ogni parte d'Italia, annuncia alla figlia Teresita che tornerà da lei a Caprera. Ma Crispi, come Nino Bixio e Giuseppe La Masa, vorrebbe partire lo stesso. Ricorre a uno stratagemma. Dice a Garibaldi di aver sbagliato a decifrare il telegramma, che in realtà significa: «Insurrezione vinta nella città di Palermo si sostiene nelle province». Il Nizzardo ci crede, o finge di crederci. Si parte da Quarto, sobborgo di Genova, la notte del 5 maggio. La notizia si diffonde in tutta Europa. Scrive il «Times»: «La riuscita darà a Garibaldi il rilievo di un generale e di un uomo di Stato del più alto valore; la sconfitta, la rovina e la morte lo classificheranno come un avventuriero, un Don Chisciotte di grande ardimento ma di mediocre intelligenza, che avrà perduto la vita in un disperato assalto di filibustieri». Il verdetto non dipende solo dall'abilità e dall'intelligenza militare e politica di Garibaldi. Dipende anche da come lo accoglierà la Sicilia.

La partenza è rocambolesca. In quaranta salgono nelle tenebre su una tartana e vanno all'arrembaggio di due navi alla rada, il *Piemonte* e il *Lombardo*. I marinai non ne sanno nulla. Alcuni si rifiutano di collaborare e vengono sbarcati, altri restano. Le porte delle caldaie però sono chiuse e non si trovano le chiavi. Le macchine del *Lombardo* non partono, il *Piemonte* lo prende a rimorchio. Garibaldi arriva in canotto: camicia rossa, poncho, fazzoletto al collo; sciabola, pugnale, pistola. Abbigliamento degli altri capi, secondo la descrizione del memorialista Giuseppe Bandi: Crispi con «palamidone stretto stretto che mostrava la corda»; Sirtori con «gran palandra nera e cappello a cilindro»; Carini con «berretto da viaggio all'inglese e soprabituccio spelacchiato e corto corto»; Calona, «vecchio siciliano dai capelli bianchi, con uno sgargiante abito rosso e un gran cappello nero alla Rubens con una lunga, ondeggiante piuma di struzzo». Poi «il canonico Bianchi, mezzo vestito da canonico», Rosalia Montmasson, moglie di Crispi, vestita da uomo, «parecchi bei giovani di Lombardia abbigliati all'ultima moda», uniformi dei vari eserciti regolari della penisola, costumi da marinaio, divise da Cacciatori delle Alpi e centocinquanta camicie rosse. Ci sono anche i membri della Società del Tiro nazionale – che saranno decisivi a Calatafimi –, 59 carabinieri in divisa e l'esule ungherese Türr in costume tradizionale magiaro.

I volontari accorrono su chiatte e barche a remi, ma non c'è posto per tutti: si imbarcano in 1162, molti viaggeranno in piedi; gli altri seguiranno con nuove navi. Meno di cento sono meridionali. Gli altri vengono dal Nord: 163 da Bergamo, 154 dalla Liguria. Tommaso Parodi, genovese, ha quasi settant'anni. Giuseppe Marchetti di Chioggia, partito con il padre, ne ha undici.

In cassa ci sono 94 mila lire. Quel che è peggio, mancano i fucili. Grazie a una sottoscrizione sono state comprate 12 mila carabine Enfield, ma il governatore di Milano Massimo d'Azeglio rifiuta di consegnarle: è un moderato che non vuole appoggiare una guerra contro un governo legittimo, ed è uno di quei piemontesi per cui unirsi al Sud sarebbe come «mettersi a letto con uno scrofoloso»; non può capire lo spirito con cui avvocati, medici, contadini, operai affidano la loro vita a Garibaldi. Si fa scalo a Talamone, dove si spera di recuperare armi e munizioni; invano. A Orbetello, però, Türr trova polvere, piombo, cartucce, un centinaio di carabine, un cannone con affusto e due senza, una colubrina. A Porto Santo Stefano ci si procura il carbone per le macchine. Scrive il suo biografo Alfonso Scirocco che Garibaldi ha composto versi patriottici e vorrebbe farli cantare sulle note della *Norma*, ma i suoi uomini preferiscono *La bela Gigogin*. La marina borbonica dà la caccia alle due navi, che nella notte procedono a fari spenti e rischiano di speronarsi; Garibaldi insulta il genovese Bixio in dialetto ligure. Preso dal panico, un volontario si getta in mare per suicidarsi; viene ripescato.

Si sbarca a Marsala. Una corvetta borbonica con sei cannoni si avvicina, i volontari che arrancano verso riva sono un bersaglio facile, con pochi colpi la guerra potrebbe essere già finita; ma il comandante esita, non vuole danneggiare le navi inglesi cariche di vino, perde l'occasione. L'accoglienza è prudente. Andrà meglio il giorno dopo a Salemi: bandiere, banda musicale, cibo, vino bianco, che Garibaldi non tocca perché astemio; chiede solo una tazza di caffè, di cui dagli anni sudamericani non riesce a fare a meno. Rinvigorito, si nomina dittatore di Sicilia, per conto di Vittorio Emanuele II, «re d'Italia». Tra i primi provvedimenti, abolisce il baciamano tra uomini e chiama il popolo alle armi: si presentano mille «picciotti», subito battezzati Cacciatori dell'Etna. Anche qualche sacerdote è con lui; Garibaldi con un manifesto si appella «ai buoni preti». I siciliani odiano i Borboni, che però hanno sull'isola oltre ventimila uomini.

L'avanguardia affronta le camicie rosse a Calatafimi. Garibaldi è in testa con la sciabola sguainata, Daniele Piccinini lo copre con il mantello per nascondere la camicia rossa che fa da bersaglio, Augusto Elia si getta a proteggerlo quando vede che un nemico lo sta prendendo di mira, ed è ferito gravemente. I napoletani, annoterà il generale, si battono meglio degli austriaci. Sono il doppio dei volontari e hanno armi migliori. Bixio suggerisce di ritirarsi. Non si sa con esattezza se Garibaldi gli abbia davvero risposto: «Qui si fa l'Italia o si muore». L'importante è che non abbia dato l'ordine di ritirarsi.

La prima battaglia è vinta, ma l'impresa appare più che mai disperata. L'esercito borbonico, pressoché intatto, è asserragliato a Palermo. Gli insorti comandati da Rosolino Pilo sono stati annientati, il loro comandante ucciso. Garibaldi ha un'intuizione geniale. Fa partire per Corleone una colonna di quaranta carri con i bagagli, i feriti, i cannoni e 150 picciotti, e s'incammina sulla stessa strada. Il nemico pensa che si stia ritirando all'interno e si getta all'inseguimento. Ma nottetempo lui piega verso il mare e piomba su Palermo da sudest, il lato quasi sguarnito. I garibaldini sfondano a Porta Termini e si insediano in città, nel quartiere di Fieravecchia. È la sera del 26 maggio 1860.

Cominciano dieci giornate febbrili, in cui un esercito preponderante per numero e mezzi tenta invano di schiacciare un invasore sostenuto da 160 mila civili, che neppure il bombardamento dalle navi riesce a piegare. Gli abitanti di Palermo sono tutti con Garibaldi, e la fortuna pure. Il comandante borbonico Lanza propone un armistizio, ottiene il cessate il fuoco per mezzogiorno del 30 maggio, e a mezzogiorno e mezzo arrivano i rinforzi: quattro battaglioni comandati dallo svizzero Von Mechel, che entrano in città ma vengono subito circondati dalle barricate. Si sparge la voce che il brigante calabrese Giosafatte Talarico, giunto a Palermo con l'incarico di uccidere il generale, ha rinunciato, conquistato dal suo fascino. Il 6 giugno i borbonici capitolano.

La leggenda di Garibaldi è al culmine. I giornalisti al seguito lo descrivono come un supereroe. Il figlio del duca di Wellington, Florence Nightingale, Charles Dickens raccolgono denaro per lui. Gli operai dell'arsenale di Glasgow e gli scaricatori di Liverpool fanno gli straordinari gratis per preparare munizioni e pacchi di medicinali. Le riviste francesi pubblicano grandi disegni in cui Garibaldi fa strage di borbonici sul suo cavallo bianco e saluta festosamente le donne e i bambini (sono purtroppo i giorni in cui Bixio reprime nel sangue l'occupazione delle terre a Bronte). Scrive George Sand: «Egli non somiglia a nessuno ed è in lui tal sorta di mistero che fa meditare! Uomo dei portenti, stendardo dell'era novella ... Tutta l'Europa tiene fissi gli occhi su di lui e, destandosi ogni mattina, chiede dov'è egli, che cosa ha fatto il giorno innanzi». E Victor Hugo: «Qual è la sua forza? Che cosa lo fa vincere? Cos'ha con sé? L'anima dei popoli. Egli ha la Rivoluzione con sé; e di tanto in tanto, nel caos della battaglia, tra il fumo, tra i lampi, come se fosse un eroe d'Omero, dietro di lui si scorge la dea». Grazie a Garibaldi, l'Italia è fatta: «Dov'era un'espressione geografica, v'è una nazione».

Gli arrivano denari, versi, brani musicali, messaggi d'auguri, piani di battaglia. Scrivono di lui i giornali spagnoli, bulgari, serbi. A New York l'11 luglio si tiene un concerto per raccogliere fondi: si rappresentano la *Lucia di Lammermoor* e arie della *Lucrezia Borgia* e dei *Vespri siciliani*. Gli abitanti di Helsingborg, in Svezia, si tassano per mandargli una spada d'onore. Nella Polonia oppressa dai russi c'è il suo ritratto in molte case, una donna che ha il figlio in galera urla ai poliziotti che tra una settimana verrà Garibaldi a liberarlo, i calzolai in sciopero scandiscono il suo nome. Il suo arrivo è atteso anche in Ungheria, dove qualcuno pensa che sotto il nome di Garibaldi si celi Kossuth, l'anima della resistenza antiaustriaca. L'anarchico Bakunin, in esilio in Siberia, racconterà che la campagna dei Mille era seguita a Irkutsk «con appassionato entusiasmo».

Volontari si offrono dall'India, dall'Algeria, dalla Turchia, dal Canada. Più di trenta inglesi si uniscono ai rinforzi che partono da Genova, e verranno utili per espugnare Milazzo, l'ultima piazzaforte siciliana difesa dai borbonici. Arriva anche il vecchio generale Avezzana, il ministro della Guerra della Repubblica romana, in tempo per partecipare alla battaglia più sanguinosa, vinta dai garibaldini sul Volturno.

I volontari siciliani non hanno seguito il generale nella risalita della penisola, ma molti altri si sono uniti a lui. A metà agosto insorge Potenza, si ribellano Foggia e Bari, in Calabria nascono governi provvisori: man mano che le armi borboniche danno modesta prova di sé, la struttura del potere crolla miseramente. Anche Napoli si consegna al Nizzardo in un tripudio di bandiere, cucite nottetempo dalle donne dei bassi: la folla tenta più volte di staccare i cavalli della carrozza per portarlo in trionfo, i marinai si arrampicano sugli alberi delle navi per lanciare i loro «Hurrah!», le bande eseguono l'*Inno di Garibaldi* – «si scopron le tombe, si levano i morti...» –, fin quando un ufficiale fa segno a gesti di smettere: il generale, esausto, si è assopito.

Vittorio Emanuele coglie l'occasione, invade Marche e Umbria, procede verso Sud, con il pretesto di tenere a freno la guerra di popolo. L'incontro avviene nella campagna di Teano, sotto i pioppi. Il re fa il cordiale: «Oh, vi saluto, mio caro Garibaldi: come state?». E lui: «Bene, maestà, e lei?». «Benone!» Garibaldi grida: «Ecco il re d'Italia!». E la folla: «Viva il re!». I due fanno un pezzo di strada cavalcando affiancati, poi si separano. Vittorio Emanuele prosegue per Teano, dove i cuochi gli hanno preparato il pranzo. Garibaldi mangia un pezzo di formaggio e una pagnotta seduto su una panca. Il re l'ha avvertito che sarà l'esercito regolare a concludere la guerra, con il poco glorioso assedio di Gaeta.

Nella fretta di mostrare all'Europa che la situazione era sotto controllo, ai volontari fu mancato di riguardo. Il 6 novembre, davanti alla Reggia di Caserta, Garibaldi passò in rassegna le sue truppe; il sovrano aveva promesso di venire, ma non si fece vedere. Il giorno dopo il generale lo accompagnò nell'ingresso a Napoli. Chiese di poter restare per un anno come luogotenente e di evitare la dispersione del suo esercito; gli fu risposto di no. Rifiutò tutte le offerte: il collare dell'Annunziata, massima onorificenza dei Savoia, un titolo nobiliare, un castello, la nomina a generale di armata, una nave, una tenuta per Menotti, una dote per Teresita, la nomina di Ricciotti ad aiutante di campo di

Vittorio Emanuele. Delle immense ricchezze del regno che aveva conquistato non portò con sé a Caprera i quadri di Caravaggio, i gioielli della corona, l'oro dei Borboni, ma qualche centinaio di lire racimolate a sua insaputa da un luogotenente, alcuni pacchi di caffè e zucchero, un sacco di fave di cui era ghiotto, un sacco di sementi e uno scatolone di merluzzo secco.

III

La Grande Guerra

«Come fosse la culla di mio padre»

Stamani mi sono disteso
in un'urna d'acqua
e come una reliquia
ho riposato

L'Isonzo scorrendo
mi levigava
come un suo sasso

Questa poesia fu scritta a matita su un angolo di una scatola di cartucce, in cima al San Michele, il 16 agosto 1916. Il monte era stato preso dieci giorni prima dalle brigate Brescia, Catanzaro e Ferrara. Era costato 19 mila morti, su una fascia lunga solo otto chilometri.

Nelle giornate successive, i soldati italiani vagano sulla terra desolata in cima alla collina tra resti umani, bossoli, zaini, scheletri di alberi. Un ufficiale annota di essere impressionato dalla quantità di vermi.

Un soldato semplice della brigata Brescia, 19° reggimento fanteria, si allontana dai commilitoni. Giuseppe Ungaretti si toglie la maglia di lana piena di pulci, si slaccia gli scarponi, si appoggia al tronco di un albero. Ci vorrebbe un bagno, ma l'Isonzo scorre lontano, giù in basso. Così scrive le sensazioni provate l'ultima volta che si è immerso nell'acqua, riconciliandosi con se stesso e le cose che lo circondano; anche le più orribili, anche la guerra. Ripensa ai fiumi della sua vita. Il Serchio, che ha dissetato i suoi antenati e i suoi genitori. Il Nilo, che sfocia ad Alessandria, dov'è nato. La Senna, sulle cui rive è diventato poeta. E Ungaretti sente che l'Isonzo li comprende tutti.

Questo è l'Isonzo
e qui meglio
mi sono riconosciuto
una docile fibra dell'universo

Il mio supplizio
è quando
non mi credo
in armonia

Ma quelle occulte
mani
che m'intridono
mi regalano
la rara
felicità

C'erano tanti modi di fare e dire la guerra, anche per i poeti. «Viva la guerra!» esultava Corrado Govoni. Vittorio Locchi celebrava «i santi carnai dei nostri morti». Luigi Gianturco indicava negli italiani «la razza creata per essere padrona». Ma il più esaltato di tutti era ovviamente Gabriele d'Annunzio, che la guerra aveva fortemente voluto.

Altri poeti furono colpiti invece dalla sofferenza, dalla morte. Clemente Rebora racconta in *Viatico* l'agonia di un mutilato: «O ferito laggiù nel valloncello / tanto invocasti / se tre compagni interi / cadder per te che quasi più non eri...». Fausto Maria Martini spiega invece in *Perché non t'uccisi* la decisione di risparmiare un giovane soldato austriaco rannicchiato sotto la sua baionetta: «Non fu dunque per tema / s'io non ti uccisi: fu per non morire! / Per non morire in te: m'eri gemello / o apparso sulla gemina trincea...».

La guerra seria di Ungaretti

Ungaretti era andato in guerra da volontario. Per sentirsi e in qualche modo diventare compiutamente italiano. In Italia, nella terra della sua famiglia, era arrivato solo nel 1914, a 26 anni. I genitori erano emigrati in Egitto, dove il padre lavorava al canale di Suez. Morì quando il piccolo Giuseppe aveva due anni. La madre lo portava al cimitero ogni giorno. Lui la aiutava nel forno con cui si guadagnavano da vivere. Poi partì per Parigi, dove divenne amico di Apollinaire, il poeta.

La prima città italiana che Ungaretti conobbe fu Torino, dove venne arrestato in uno scontro tra neutralisti e interventisti. Lui era per l'intervento. «Non mi piace la guerra» dirà tempo dopo «e non mi piaceva allora, ma ci sembrava che quella guerra fosse necessaria. Pensavamo che la Germania fosse completamente condannabile.»

Si presentò volontario, ma venne scartato: troppo vecchio. Alla vigilia del Natale 1915, dopo i primi massacri, le autorità ci ripensarono. Ungaretti poteva partire per il fronte. Là avrebbe scritto poesie bellissime e scabre, tra cui una di appena quattro parole, «Mi illumino / d'immenso», composta nel villaggio di Santa Maria La Longa, in un mattino in cui il cannone aveva dato tregua e il cielo limpido svelava la cerchia delle montagne.

Ma la più importante, sul piano esistenziale e anche politico, è proprio *I fiumi*. È sull'Isonzo, anzi dentro l'Isonzo, che Ungaretti riconosce l'identità italiana come la propria. Nel fiume che segna i confini orientali della patria e testimonia il sacrificio di una generazione, il poeta riesce a «contare» tutti gli altri fiumi della sua vita. Ha scritto Mark Thompson, nel suo bellissimo saggio *La guerra bianca*: «Se [Ungaretti] si trovava là dove avrebbe dovuto trovarsi, allora l'Isonzo era il posto giusto anche per altri soldati italiani. E se questo era il posto giusto, allora le argomentazioni che avevano dato il via alla loro invasione erano valide. Non c'è niente che lasci pensare che *I fiumi* suggerisca un modo diverso di essere, un regno della natura che denunci la futilità della guerra. Semmai l'acqua rinfresca il soldato e lo corrobora in vista della lotta».

Non c'è nulla di tronfio, però, nei versi di Ungaretti. Nulla che somigli alla reazione di un altro soldato semplice, Benito Mussolini, che il 16 settembre 1915 dalle rive dell'Isonzo aveva scritto al suo giornale, «Il Popolo d'Italia»: «Non ho mai visto acque più azzurre. Strano! Mi sono chinato sull'acqua fredda e ne ho bevuto un sorso con devozione. Sacro fiume!».

Ungaretti aveva conosciuto Mussolini alla fine del 1914. Lo ammirava. Dopo la guerra sarebbe diventato il corrispondente del «Popolo d'Italia» da Parigi. Nel 1923 il Duce avrebbe scritto una prefazione alla nuova edizione de *Il porto sepolto*, la prima raccolta di poesie di Ungaretti. Ma Ungaretti non fu mai un intellettuale di regime. Anzi, criticò il regime più volte, pur continuando a scrivere al Duce lettere che non sono tra le sue cose migliori. Antonello, il figlio morto prematuramente, di secondo nome si chiamava Benito. Ma nel 1936, l'anno del consenso, Ungaretti portò la famiglia in Brasile, dall'altra parte del mondo, lontano da onori e accademie. E la sua adesione alla guerra non implicò mai l'approvazione del macello in cui una strategia scriteriata aveva gettato i fanti italiani.

Thompson racconta di quando il poeta era passato nelle stanze del Comando supremo, nell'estate 1917, quella che precede Caporetto, e si era lamentato ad alta voce per le condizioni dei soldati. Un amico gli disse di abbassare il tono: il generale Diaz, destinato da lì a tre mesi a succedere a Cadorna dopo la disfatta, era nell'ufficio accanto. Ungaretti esplose: «Vorrei sapere che cosa passa per la testa del vostro generale! Che cosa passa per le teste di tutti, qui? I soldati sono esauriti, sono al limite estremo e, quanto al morale, è a terra già da tempo. Dove ci porterà tutto questo? Dove?».

Davvero Ungaretti non amava la guerra. Semplicemente, riteneva che la guerra andasse fatta. E fatta bene. Condividere i sacrifici con i commilitoni lo faceva sentire, per la prima volta, parte di un tutto, membro di una comunità, ingranaggio minuscolo ma non incosciente della storia nazionale.

A Giovanni Papini scriveva: «La notte scorsa ho dovuto marciare per dieci chilometri o più sotto la pioggia scrosciante; mi sono lasciato andare cantando con gli altri soldati, e ho dimenticato me stesso: che allegria». Gli altri soldati lo adoravano. Lo chiamavano «signore», perché aveva studiato e aveva qualche anno più di loro. Si offrivano di portargli lo zaino e il fucile. Inviato nel 1917 al corso ufficiali, Ungaretti fu subito rimandato indietro. «Inadatto al comando» era il responso. Tempo dopo, dirà: «La minima cosa che mi avesse distinto da un altro soldato sarebbe parsa un odioso privilegio».

Le sue poesie raccontano proprio questo. Il dolore per la morte dei compagni:

Di queste case
non è rimasto
che qualche brandello
di muro

Di tanti
che mi corrispondevano
non è rimasto
neppure tanto

Ma nel cuore
nessuna croce manca

È il mio cuore
il paese più straziato

Raccontano la sensazione di fragilità, lo stare «come d'autunno / sugli alberi / le foglie», il legame fortissimo con i compatrioti, anche se sconosciuti:

Di che reggimento siete,
fratelli?

Parola tremante
nella notte

Foglia appena nata

Nell'aria spasimante
involontaria rivolta
dell'uomo presente alla sua
fragilità

Fratelli

E raccontano la consapevolezza di fare il proprio dovere, in una guerra condotta male, che costava un prezzo altissimo, ma contribuiva a unificare definitivamente il paese, a forgiare gli italiani, a riavvicinare settentrionali e meridionali, contadini e borghesi, laureati e analfabeti, accomunati dalla stessa uniforme. Una consapevolezza espressa in versi che si intitolano, appunto, *Italia.*

Sono un poeta
un grido unanime
sono un grumo di sogni

Sono un frutto
d'innumerevoli contrasti d'innesti
maturato in una serra

Ma il tuo popolo è portato
dalla stessa terra
che mi porta
Italia

E in questa uniforme
di tuo soldato
mi riposo
come fosse la culla
di mio padre

Le sanguinose buffonate di d'Annunzio

Del Comando supremo, dove il soldato semplice Ungaretti era stato ospite indisciplinato una sola volta, il capitano dei lancieri di Novara Gabriele d'Annunzio era invece un habitué.

Formidabile promotore di se stesso, prestigiatore di parole, capace di qualsiasi imbroglio – a sedici anni aveva pubblicato con i soldi del padre la prima raccolta di poesie, spargendo la voce che l'autore era morto cadendo da cavallo –, con la guerra aveva raggiunto il culmine della propria fama, della propria influenza politica e della propria vanità. Sul «Corriere della Sera» dedicava versi al generale Cadorna, presentato come un incrocio tra Giulio Cesare e Napoleone:

Guarda la sua mascella che tien fermo,
guarda severità della sua bocca
onde il comando e il castigo scocca,
e il lampo a cui la palpebra fa schermo
gravata sopra il chiaro occhio che scaglia
l'anima al segno e il tratto non misura.
Sempre in tutt'arme egli è senza armatura
tutta nel pugno nudo ha la battaglia.

A volte l'adulatore arrivava a infastidire lo stesso adulato:

Questi, che vedi curvo su le carte,
nel più duro granito del Verbano
tagliato e scarpellato fu, di mano
di maestro; e il vigor soverchiò l'arte.

«Ecco un modo elegante per dire che sono brutto» commentò Cadorna.

D'Annunzio sognava una guerra fin dal 1903, quando vagheggiò in *Laus vitae* una bella battaglia conclusa da massacri, saccheggi e stupri: «Il grembo delle madri noi scruteremo col fuoco, e non rimarranno germi nelle piaghe fumanti». Il compiacimento per il sangue e la potenza tecnologica dello sterminio era diffuso nelle élite intellettuali e letterarie, non solo in Italia. Ma nessun letterato contò quanto d'Annunzio. Il Vate non si accontentava di scrivere, né di improvvisare imprese tipo il volo su Vienna, o avventure come l'occupazione di Fiume. Pretendeva pure di comandare uomini in azioni militari, inutili sul piano tattico ma utilissime all'autopromozione. L'importante era che a morire fossero gli altri. Il poeta ne avrebbe fatto l'elogio funebre.

Il 28 maggio 1917 la decima battaglia dell'Isonzo si stava ormai spegnendo. Gli austriaci erano arrivati al limite della resistenza. Ma era ormai chiaro che gli italiani non sarebbero passati. Alla fine l'esercito avrebbe perso più di 150 mila uomini in tre settimane, tra cui 36 mila morti. L'Ermada resisteva, la via per Trieste era sbarrata. Se però non si poteva far sventolare il tricolore su San Giusto, lo si poteva mostrare ai triestini da lontano.

Vicino al mare, appena due chilometri oltre il Timavo, il fiume che segna la linea del fronte, c'è il castello di Duino. D'Annunzio propone e ottiene di condurre oltre le linee un battaglione del 77° reggimento, i Lupi di Toscana, per issare una gigantesca bandiera sui contrafforti del castello.

Il piano non ha alcuna possibilità di successo. Bisogna passare il Timavo su passerelle lanciate all'ombra delle postazioni di Quota 28, saldamente tenuta dagli austriaci, percorrere sotto il fuoco due chilometri di terreno basso e paludoso, senza alberi né altri ripari, e dare l'assalto a un castello difeso da reticolati di filo spinato. Il comandante del reggimento, il maggiore Randaccio, tiene alla vita dei suoi uomini, e sconsiglia l'impresa. Oltretutto, dal castello di Duino a Trieste sono venti chilometri: anche se il colpo riuscisse, i triestini non vedrebbero nessun tricolore. Indispettito, d'Annunzio si precipita al Comando supremo, viene subito ricevuto dal duca d'Aosta, capo della Terza Armata, e ottiene il via libera.

A mezzanotte meno un quarto il Vate è svegliato mentre sogna il seno della sua amante, una signora triestina che vive a Venezia. Si parte per l'azione. Mancano i mezzi, viene gettata una sola passerella, su cui i soldati procedono in fila indiana: uno splendido bersaglio. La bandiera la porta ovviamente il poeta, che però rimane al riparo sull'altra sponda del Timavo (il bollettino ufficiale sostiene il contrario, ma d'Annunzio stesso si tradirà sostenendo di aver aiutato i fanti a raggiungerlo sulla riva italiana del fiume). Le mitragliatrici austriache aprono il fuoco d'infilata, i soldati cadono uno dopo l'altro. Quelli che attendono di passare il Timavo si rifiutano di farsi ammazzare per d'Annunzio: «Non vogliamo essere mandati al macello!». Il maggiore Randaccio ordina la ritirata. I soldati guardano il Vate con odio. Lui teme che quei «traditori» gli spareranno, ma si conforta al pensiero che qualsiasi pallottola italiana, al momento di penetrargli la fronte o il cuore, si trasformerà senz'altro in diamante. Randaccio è gravemente ferito: il poeta gli adagia la testa sanguinante sulla bandiera. Sull'altra sponda, i superstiti si arrendono agli austriaci. D'Annunzio ordina alla batteria più vicina di fare fuoco sulla colonna di prigionieri italiani. Come capitano, ne avrebbe titolo; gli artiglieri si guardano dall'obbedirgli.

L'effetto della macabra pagliacciata è tale che il giorno dopo ottocento tra ufficiali e soldati si arrendono sul Timavo, consegnandosi al nemico con armi ed equipaggiamenti. Quella resa in massa mostra quanto sia inutile e anzi controproducente il «bel gesto» ardito e superomista, che tanto affascinerà i gerarchi fascisti; ed è la metafora del male che la retorica sterile ha fatto – e ancor di più farà con il ventennio – all'idea di nazione e di patria. Ma d'Annunzio non si ferma, anzi. Prepara l'orazione funebre per l'uomo che ha mandato al massacro con il suo reggimento. Per tre volte, racconta, il povero Randaccio ha chiesto la capsula di veleno che il Vate porta con sé, e per tre volte gli è stata rifiutata: «Era necessario che soffrisse, affinché la sua vita potesse diventare sublime nell'immortalità della morte». Il duca d'Aosta apprezza molto. Farà distribuire copie dell'orazione agli uomini della Terza Armata.

La retorica e gli eroi

La Grande Guerra è un'epopea divenuta mito negativo. Il bollettino della vittoria – «i resti di quello che fu uno dei più potenti eserciti del mondo risalgono in disordine e senza speranza le valli che avevano disceso con orgogliosa sicurezza...» – è scritto su ogni palazzo comunale d'Italia. Ma la vittoria parve «mutilata» agli stessi che avevano voluto la guerra. Mentre cattolici e socialisti, che – con qualche eccezione – l'avevano avversata, ne ricorderanno le atrocità, e la considereranno l'antefatto della dittatura fascista. E in effetti il prezzo pagato dagli italiani per Trento e Trieste (e il sogno dell'egemonia sull'Adriatico e sui Balcani) fu altissimo. Non basta a quantificarlo neppure la terribile cifra di 600 mila morti.

Nessun esercito trattò più duramente i suoi uomini. Nessun esercito punì ripetutamente le stesse unità con la decimazione, fucilando individui scelti a caso. L'Italia mobilitò il medesimo numero di soldati della Gran Bretagna, ma i condannati a morte furono tre volte di più. Il governo italiano fu l'unico a proibire ai familiari di inviare ai prigionieri cibo o vestiti.

Peggio ancora, la guerra – dichiarata all'oscuro del Parlamento eletto a suffragio universale, e condotta dalla casta militare con sprezzo per la vita dei soldati – screditò le istituzioni liberali e aprì la strada al fascismo. La retorica nazionalista era sfociata in un bagno di sangue. Cominciava un regime che esaltava la guerra appena conclusa, e la guerra futura che sarebbe immancabilmente venuta. «Trincerocrazia» fu la prima parola chiave di Mussolini. «Le porto l'Italia di Vittorio Veneto» disse al re dopo la marcia su Roma.

Di guerra, nazione, patria, Italia, tricolore, il regime si riempì la bocca per vent'anni. Logorando parole nobili. Disonorandole con la guerra coloniale. Fino a renderle prive di senso con un nuovo conflitto che avrebbe lasciato l'Italia semidistrutta, invasa, divisa, e priva di gran parte dei territori conquistati nel 1918.

Ciò non toglie che la Grande Guerra sia stata davvero per gli italiani la prima vera esperienza collettiva. Il primo, tragico capitolo di una storia comune. «Brava Italia, che si lega per sempre nel sacrificio» scrisse Piero Jahier. Fu sull'Isonzo che l'azionista Luigi Salvatorelli comprese che il Risorgimento sarebbe stato compiuto solo quando l'Italia fosse diventata «una democrazia nazionale»; il che accadde solo dopo la Resistenza, cui Salvatorelli diede il suo contributo.

Quando si trattò di andare all'assalto in terre sconosciute, per conquistare città che non avevano mai sentito nominare, i fanti analfabeti si lasciarono condurre al macello con crescente riottosità. Ma quando, dopo Caporetto, si trattò di difendere la patria, la casa, la famiglia – gli austriaci nel Friuli e nel Veneto invasi si comportarono non diversamente dai famigerati marocchini della *Ciociara*; ma delle loro violenze non si occupa nessuno –, allora i «ragazzi del '99» seppero resistere sul Grappa, da soli, prima ancora dell'arrivo dei rinforzi francesi e inglesi. Fu in quei giorni cruciali, in cui secondo Benedetto Croce si decideva «il destino d'Italia per i secoli a venire», fu sul Grappa e sul Piave che si comprese che l'Italia non era un'invenzione delle élite, un'illusione da studenti di lettere, un affare per gli speculatori di guerra. Certo il modo in cui venne decisa e fatta la guerra non contribuì a legare allo Stato le masse contadine e operaie. Ma la resistenza del 1918 sul Piave, prima ancora di quella opposta – sempre ai tedeschi – tra il '43 e il '45, fu la prova che l'Italia non sarebbe stata mai più un'«espressione geografica» come la pensava Metternich, ma era diventata una realtà irreversibile, uno Stato-nazione giovane eppure non meno solido di altri costituiti da secoli.

A Gadda non piacque Sordi

Quando a Roma, nel 1959, venne presentato il capolavoro di Mario Monicelli, *La grande guerra*, in sala c'era anche un veterano divenuto un grande scrittore, Carlo Emilio Gadda.

La grande guerra non è un film anti-italiano. È semmai arci-italiano. Restituisce bene la memoria molteplice e altalenante che custodiamo del conflitto '15-18, da cui siamo spaventati e insieme inorgogliti. Mi ha detto Monicelli che in quel film Gassman è dominato da Sordi: Gassman è il grande attore che si cala nella parte dell'ingenua recluta milanese; Sordi non fa il cialtrone romanesco, ma è il cialtrone romanesco. Fatti prigionieri sul Piave, entrambi sapranno riscattarsi: all'ufficiale austriaco che promette la vita, in cambio dei piani di battaglia italiani, i due amici preferiscono il plotone d'esecuzione.

Eppure *La grande guerra* a Gadda non piacque. Anzi, lo scrittore uscì dal cinema sdegnato. Gli parve che il film disonorasse la «purezza di intenti e certezza di sacrifici eroici» con cui l'Italia era entrata nel conflitto. Allora il dovere era sentito come un obbligo e come un'emozione; soltanto dopo si sarebbe mutato in vuota retorica. Secondo Gadda, «chi ha vissuto quei "fatti" e quegli anni, chi ha "voluto" sacrificarsi, «non può sottoscrivere alle battute più facili e farsesche». Peggio ancora, le battute erano state apprezzate dagli spettatori. «Il pubblico si sganasciò dalle risa. Nessun pubblico francese o tedesco riderebbe a quel modo.»

Eppure anche Gadda aveva fatto satira sulla guerra, raccontandola come un litigio tra il «Maradagal» e il «Parapagal». Non era certo un retore. Né ignorava i limiti del comando italiano e il sacrificio imposto alla fanteria. Anzi, imprecava contro i generali e pure contro il re; ma sempre in privato, mai davanti ai suoi uomini. Gadda era semplicemente, come Ungaretti, un soldato che aveva fatto la guerra da volontario, badando a farla bene.

Nell'estate del 1916 i due innovatori della poesia e della narrativa italiana, pur ignorando l'esistenza l'uno dell'altro, avevano combattuto a pochi chilometri di distanza: il soldato Ungaretti sul San Michele, il sottotenente Gadda sul Carso orientale. Poi Gadda era stato trasferito più a nord, sulla linea tra Plezzo e Tolmino. Il 24 ottobre 1917 sarebbe dovuto essere a casa. Invece aveva ceduto la licenza a un altro ufficiale, ed era rimasto al fronte. Fu proprio tra Plezzo e Tolmino che gli austriaci, rafforzati dai tedeschi, attaccarono e sfondarono.

Appollaiato su uno spuntone di roccia del monte Krasji, con i trenta uomini della sua batteria antiaerea, Gadda vide il nemico sfilare sotto di lui e penetrare in territorio italiano. Non gli restò altro che scendere, con il «cuore spezzato», e ritirarsi. Reparti bavaresi e del Württemberg – tra cui i duecento soldati del giovane Erwin Rommel – passavano l'Isonzo e aggiravano le cime che erano costate agli italiani migliaia di morti. Gadda e i suoi uomini tentarono invano di varcare il fiume: ormai il nemico era su entrambe le sponde. Ovunque, carcasse di muli, cadaveri, soldati italiani ubriachi. Due prostitute chiesero a Gadda di essere introdotte presso gli ufficiali tedeschi. Lui la prese malissimo.

I tedeschi furono duri, non feroci. I prigionieri dovettero marciare da mezzanotte alle otto del mattino: «Un orrore» annotò il sottotenente. «La fine di ogni speranza, annientamento della vita interiore. Estrema angoscia per la patria.» Per tutto l'anno che passò in prigionia, Gadda dormì sonni inquieti e tormentosi. Sognava i familiari e i conoscenti che lo rimproveravano: «Li avete lasciati passare...».

A un amico aveva raccomandato, un anno prima, che se fosse morto l'annuncio avrebbe dovuto essere il più semplice possibile. Da evitare assolutamente queste parole: «Patria, onore, fervida gioventù, fiore di giovinezza, odiato nemico, orgoglioso e commosso, eccetera». Sarebbe bastato: «È caduto in combattimento».

L'ultimo fante

In questi anni la memoria diretta della Grande Guerra si è spenta. Restiamo noi, che ne abbiamo solo sentito parlare. Mio nonno, il vignaiolo che ascoltava Luigi Einaudi sul sagrato della parrocchiale di Dogliani, era un ragazzo del '99. Aveva combattuto sul Piave, aveva passato il 1918 in prigionia. Ma non amava parlare della guerra.

Fu anche pensando a lui che, qualche anno fa, alla fine del 2003, mi misi alla ricerca dell'ultimo fante. Di un veterano che potesse raccontare la guerra dall'inizio. Chiesi aiuto allo staff del presidente della Repubblica Ciampi, molto attento – come il suo successore Napolitano – al tema dell'unità nazionale. Dagli archivi del Quirinale spuntò un elenco di nomi. Il più anziano era Carlo Orelli, residente a Roma alla Garbatella, nato a Perugia il 23 dicembre 1894. Stava quindi per compiere 109 anni.

Trovai un uomo piccolo, ossuto, di una cortesia d'altri tempi, felice che qualcuno si ricordasse di lui. Era lucidissimo, anche se non usciva di casa da anni: abitava al quarto piano senza ascensore; con l'aiuto di uno dei sei figli o dei nove nipoti avrebbe potuto scendere le scale, ma non aveva più la forza per risalirle. Raccontava con una voce sottile e in una lingua ricercata – «seguiti pure a interrogarmi...» – e mi spiegava con pazienza che la guerra è molto diversa da come la immaginiamo. A cominciare dai suoni, dai rumori. «Il cannone non fa: bum. Troppo lontano dal fronte. Il cannone fa piuttosto un brontolio, un rombo lontano, poi un sibilo sempre più forte, più vicino. Il proiettile sta per arrivare. A volte non esplode subito. Altre volte non esplode mai. È la lotteria della morte. Un mio amico di Napoli si era sempre salvato proteggendosi dentro un tubo di cemento. Spuntavano solo le gambe. Centrate da una cannonata. È morto dissanguato.»

La sua famiglia aveva fatto tutte le guerre d'Italia. Il nonno materno, Tommaso, con i difensori di Perugia, insorta e domata nel 1859 dai mercenari papalini. Il padre Gabriele richiamato per la campagna d'Etiopia. Il fratello maggiore Alfredo combattente nel 1911 in Libia. Il fratello minore Guglielmo fatto prigioniero dagli inglesi in Sicilia nel luglio 1943.

Orelli era entrato in prima elementare l'anno in cui fu ucciso re Umberto. Si era trasferito a Roma al tempo della guerra tra russi e giapponesi. Fu richiamato nel maggio 1915: Terza Armata, brigata Siena, 32° reggimento, 3ª compagnia. L'ordine era di avanzare con cautela in territorio austriaco: Sagrado, l'Isonzo, il Carso. Le case erano deserte, i soldati che avevano preso le piattole vi entravano a cercare biancheria di ricambio, in tanti spararono i primi colpi con mutande da donna sotto la divisa. Cominciavano gli assalti alla Trincea delle frasche.

Raccontava Orelli che un giorno erano usciti dai ricoveri in 330 ed erano tornati in trenta. «Non so come mai a me non è toccata. La sera prima dell'attacco portavano in prima linea il liquore, ma io non l'ho mai bevuto. Quella roba faceva passare la paura ma toglieva lucidità, dopo ti buttavi avanti urlando "Savoia!", e morivi. Dall'altra parte urlavano "Hurrah!", e morivano. Io avevo un altro modo per darmi coraggio. Non pensare a niente. Svuotare la testa.

Non pensare mai alla casa, agli affetti, agli amori. Un giorno nelle retrovie incontrai mio fratello. Lo abbracciai. Non l'ho più pensato per tutto il tempo, e quando sono tornato a casa l'ho ritrovato: ferito, ma vivo» I più coraggiosi, anche senza bisogno di liquore, erano i «sardagnoli», i sardi.

Anche la memoria dell'ultimo fante era molteplice, altalenante. Orelli teneva a chiarire che la guerra era orribile, ma nello stesso tempo giusta, o almeno ineluttabile. «Non era una guerra di conquista; era una guerra patriottica. E l'abbiamo fatta tutti senza amarla, ma senza far storie.» Era stata la grande avventura della sua vita: «Nelle retrovie passava il re sull'auto scoperta, si annunciava un proclama del Duca d'Aosta che comandava la nostra Armata, arrivavano le poesie di d'Annunzio. Nel mio reggimento c'era Filippo Corridoni». Caduto davanti alla Trincea delle frasche il 23 ottobre 1915. «Della guerra colpisce che tutto succede di colpo. Un momento dormi, mangi, ridi; un momento dopo non ci sei più. Un mio amico era appoggiato a un muretto. Parlava. È arrivato il rombo, è arrivato il sibilo. La granata gli ha staccato la testa di netto. Il corpo è rimasto lì, dritto, innaturale.»

Per spiegare il rapporto con il nemico parlava di «odio involontario». «Ci sparavamo addosso, eravamo legati alla nostra bandiera, alla nostra divisa, ma non c'era astio ideologico, non c'era volontà di annientamento. Ognuno sapeva che l'altro stava facendo il proprio dovere. Le trincee erano lontane duecento metri ma noi avevamo l'ordine di non sparare: l'accordo tacito era di far tacere i cecchini, di non molestarci nelle pause tra i combattimenti. Quando riuscivamo a conquistare una trincea austriaca la trovavamo piena di sigarette, vino, pure cioccolata; i prigionieri ce la offrivano, noi avevamo la disposizione di rifiutare, si temeva una trappola, un avvelenamento; così si faceva assaggiare la cioccolata a un prigioniero, quindi si faceva a mezzo.»

Poi era toccata a lui. «Gli austriaci si erano trincerati nel parco di una tenuta nobiliare. Assalto. Non arrivammo mai ai reticolati. Una mitragliatrice ci prende d'infilata – le mitragliatrici non si vedono mai, si sentono solo –, l'artiglieria aggiusta il tiro. Una granata uccide il comandante della compagnia, il tenente Occhipinti, e ferisce molti di noi. Muore il mio migliore amico, Ercolanoni, umbro come me. I compagni continuano a sparare, ma così si fanno individuare dagli austriaci. Ci tirano addosso come al tiro a segno. Il sottotenente sdraiato accanto a me ha una pallottola in fronte. Io ho schegge in tutto il corpo e una ferita di striscio all'orecchio sinistro, un centimetro più in là e sarei spacciato. Mi portano indietro a braccia, in un casolare. Poi all'ospedale da campo, quindi a Bologna, a Perugia. La mia guerra è finita. Il resto è un'idea sfumata di medicine, odore di disinfettante, letti bianchi, convalescenza. Ricordo bene i versi che studiavo a scuola da bambino, non ricordo nulla della malattia. La gamba destra mi fa ancora male. Non è mai guarita.»

La guerra per Carlo Orelli era una croce di ferro, esposta in una teca, accanto al diploma di cavaliere di Vittorio Veneto con la firma di Saragat e a una vecchia tessera del Psi, ancora con falce e martello. «Sono sempre stato socialista. Nenniano. Del resto, sono un operaio: capotecnico dell'Atac in pensione. Avevo orrore per il fascismo. Ma sarei bugiardo se dicessi che sono stato un oppositore. Semplicemente, non ero d'accordo. Non ho mai preso la tessera, non ho mai preso botte. Sono inorridito quando a Roma arrivarono i tedeschi. Ma ero già nonno, cosa potevo fare?»

«Dalla guerra non ho avuto alcun vantaggio. L'unica pensione che ricevo è quella dell'Atac. Ma non ho certo combattuto per un vantaggio, per nulla che non fosse il mio paese. E a Trieste alla fine ci siamo arrivati. Poi il mio paese pian piano si è dimenticato di noi. Un po' lo capisco, è passato così tanto tempo.» Sul comò c'era la foto dei suoi fratelli d'arme. «Di tutti questi ragazzi non è rimasto nessuno. Le cose sono così cambiate. C'è l'Europa, i nemici sono alleati, in Austria i miei nipoti vanno senza passaporto, a sciare. Qui alla Garbatella non c'è nessuno che ha l'età mia.»

Non c'era nessuno in tutta Italia. Almeno così credevo. La storia dell'ultimo fante fu un successo. Il presidente Ciampi gli scrisse, lo invitò al Quirinale, gli diede la medaglia d'oro. Rai e Mediaset gli mandarono le telecamere a casa per intervistarlo. Altri giornali ripresero la sua storia. Un collega scrisse un libro su di lui. Anche Mark Thompson ha parlato con Orelli per il suo saggio. Soprattutto, gli fecero l'ascensore, e lui poté riprendere a uscire di casa.

Qualche giorno dopo la pubblicazione dell'intervista, nel novembre 2003, ricevetti una lettera. Era firmata dal sindaco di un piccolo comune dell'entroterra sardo, di cui non ricordo il nome. Era una lettera garbata, al contrario delle mail piene di improperi che arrivano da molti lettori. Il sindaco si complimentava per l'articolo, riconosceva che la storia era davvero interessante, ma correggeva un punto: Carlo Orelli non era l'ultimo fante della Grande Guerra. Nel suo paese, in Sardegna, c'era un altro veterano, di qualche mese più anziano. Era ancora lucido, e sarebbe stato felice di aggiungere la propria testimonianza.

Non ci dormii tutta la notte. Il sindaco sembrava sincero, né avrebbe avuto ragione di mentire. Era senz'altro possibile che il fante sardo fosse sfuggito agli archivi del Quirinale. Ed era certo che la sua storia fosse di grande interesse. Ma non potevo reintervistare sul «Corriere» l'ultimo fante della Grande Guerra. E togliere a Orelli quel che giustamente aveva ricevuto, dopo quasi un secolo di oblio. La testimonianza del veterano sardo vivrà nella memoria della sua famiglia e della sua comunità. Lui per me rappresenta una sorta di milite ignoto, una curiosità mai soddisfatta, come quella per i racconti di mio nonno.

La Trincea delle frasche fu presa dalla brigata Sassari il 12 novembre 1915. Il fante Carlo Orelli è morto il 25 gennaio 2005, a 110 anni compiuti, nella sua casa alla Garbatella.

«*Addio mia mamma amata*»

Quanto più breve la vita di tanti suoi commilitoni, dei padri di famiglia trascinati a combattere controvoglia e dei giovani volontari che arrivarono da ogni parte del Regno, e anche dalle terre irredente. Furono migliaia gli italiani che vivevano nell'impero asburgico e combatterono con i loro compatrioti. La maggior parte erano cittadini italiani che lavoravano a Trieste o nel Tirolo: per loro la scelta era tra il rimpatrio – e l'arruolamento – e la deportazione; non erano quindi veri volontari, ma pur sempre uomini che avevano scelto di combattere. Altri però erano sudditi di Francesco Giuseppe, che passarono il confine andando incontro a morte quasi certa. Se anche fossero sopravvissuti agli assalti, in caso di cattura sarebbero stati impiccati, come accadde a Cesare Battisti e a Nazario Sauro. Eppure dal Trentino partirono volontari 760 uomini. Da Trieste, 881: oltre trecento di loro caddero sul campo.

Il più celebre era Scipio Slataper. Il maggio 1915 lo colse lontano, a Roma. Si arruolò subito nei Granatieri di Sardegna. Partì dalla stazione Tiburtina sotto la pioggia, una rosa rossa sul cappello. Ferito in giugno, fece ritorno al fronte, incontro a quella fine che lui stesso aveva previsto: «In un giorno, ancora giovane, camminando nel Carso, quando i sassi e i fiori mi diranno le cose che io ho già dette, allora uno slavo mi scaglierà addosso un sasso corroso e forte e pieno di spigoli. E io cadrò giù, sul Carso. Non nel letto, con lagrime e puzza e bisbigli e passi cauti nella stanza. Voglio morire alla sommità della mia vita, non giù». Scipio Slataper cadde il 3 dicembre, sul Podgora, «il calvario» come lo chiamavano i soldati. Colpito da una pallottola croata o bosniaca.

Neppure lui amava la guerra, tanto meno il modo scriteriato con cui veniva fatta. È stato un altro volontario triestino, Giani Stuparich, fratello di quel Carlo che si era arruolato a ventun anni portando nello zaino Dante, la Bibbia e Mazzini, a spiegare perché Slataper fosse partito volontario, e perché, non diversamente da Luciano Manara sulle mura di Roma, ritenesse inevitabile il sacrificio: «Egli non approvava che si perdessero tante vite per mancata preveggenza o per insufficienza di mezzi. Ma se, per cementare la storia avvenire della patria, c'era bisogno anche di quel sangue così dolorosamente versato, egli non poteva preservare il suo, con la scusa che i generali italiani fossero tanti ignobili carnefici».

Non tutti i volontari triestini scrivevano così bene. Alcuni si lamentavano per la diffidenza e l'avversione con cui li accolsero i soldati semplici, che vedevano in loro spie austriache o idealisti corresponsabili della guerra. Altri prendevano congedo dai parenti con pagine piene di esaltazione. Come Marco Prister, ebreo triestino, che tenne un diario concluso da queste righe: «22 novembre 1915, ore 13. Ora entro in azione, forse tra poco sarò morto! Addio tutti! W l'Italia! Ricevo l'ordine di avanzare. Sono pronto! Si compia il mio destino! Evviva l'Italia! Viva Trieste!». Altri scrivevano lettere meravigliose e piene di consapevolezza, a genitori che non capivano perché il figlio desse la vita per una terra in cui non era mai vissuto, e che non avrebbe mai conosciuto. Nel giugno 1915, un anno prima di essere falciato da una mitragliatrice, Antonio Bergamas scriveva alla madre: «Domani partirò per chissà dove, quasi certo per andare alla morte. Quando tu riceverai questa mia, io non sarò più. Forse tu non comprenderai questo, non potrai capire come non essendo io costretto sia andato a morire sui campi di battaglia. Perdonami dell'immenso dolore ch'io ti reco e di quello ch'io reco al padre mio e a mia sorella, ma credilo mi riesce le mille volte più dolce il morire in faccia al mio paese natale, al mare nostro per la Patria mia naturale, che il morire laggiù nei campi ghiacciati della Galizia o in quelli sassosi della Serbia, per una Patria che non era la mia e che io odiavo. Addio mia mamma amata, addio mia sorella cara, addio padre mio. Se muoio, muoio coi vostri nomi amatissimi sulle labbra, davanti al nostro Carso selvaggio».

IV

La Resistenza

I centomila martiri

Nelle Gallerie dell'Accademia di Venezia c'è un quadro di grande potenza drammatica, che raffigura decine e decine di uomini inchiodati ad alberi come a croci. È di Vittore Carpaccio, che prima di diventare noto nel mondo come sinonimo di carne o pesce crudo è stato formidabile narratore di storie. Datato 1515, è quindi un'opera della maturità del maestro. Si intitola *I diecimila martiri del monte Ararat* e raffigura un'antica leggenda sorta nell'Alto Medioevo, e ambientata negli albori della cristianità.

L'imperatore Adriano marciava alla testa dell'esercito per reprimere una rivolta sui confini orientali, ma vistosi soverchiato dal nemico si ritirò. Solo novemila soldati convertiti al cristianesimo osarono dare battaglia; prodigiosamente, i ribelli fuggirono. Adriano pretendeva però che gli eroi sacrificassero agli dei pagani. I novemila rifiutarono. Furono flagellati, incoronati di spine e lapidati. Ma le pietre tornavano nelle mani di coloro che le avevano scagliate. Folgorati dal prodigio, altri mille soldati si convertirono. Furono tutti crocefissi agli alberi del monte Ararat. Una storia che toccò la sensibilità decadente del Rinascimento maturo, tanto che ispirò pure Dürer e Pontormo.

Anche l'Italia, poche generazioni fa, ha avuto i suoi martiri. Non diecimila; quasi centomila. Tanti furono i civili uccisi, i partigiani caduti o giustiziati, i militari fucilati o morti nei lager nazisti. Alle vittime dei bombardamenti alleati e delle guerre scellerate del Duce si aggiunsero quelle dell'occupazione tedesca e della guerra tra italiani. Combattuta tra i soldati – e i civili – fedeli al re, al governo e all'Italia legittima, e coloro che servirono l'invasore e un Mussolini ormai docile fantoccio di Hitler.

Fu una guerra impari. Quelli che oggi vengono chiamati «vinti» avevano il controllo del territorio e dell'apparato statale, oltre alla forza dell'occupante nazista; mentre i «vincitori» dormivano all'addiaccio, si contendevano materiale paracadutato, lottavano in primo luogo per sopravvivere. Da una parte, una formidabile macchina da guerra che con i suoi ausiliari italiani dominava la scena. Dall'altra, i resti di un esercito vinto, gli sbandati costretti a rifugiarsi in montagna dove furono decimati dai rastrellamenti – ma raggiunti da altre migliaia di giovani –, e un popolo esasperato dalla guerra e dalla fame che aspettava finisse la nottata ma nel frattempo sapeva benissimo (con qualche eccezione) da che parte stare. I ribelli furono braccati con ogni mezzo, nelle città e sulle montagne. La loro storia non è di battaglie vittoriose, gloriosi scontri in campo aperto, finali lieti. È storia di fughe nel fango, appostamenti nella notte, sganciamenti senza speranza. Come nelle pagine di Beppe Fenoglio, che racconta battaglie perdute in partenza e fughe a perdifiato che di rado terminano con la salvezza. Più spesso vengono la cattura, le torture, la morte. E l'esibizione del cadavere, di fronte ai genitori, ai parenti, ai compaesani.

I «vincitori» appesi

C'è un episodio in particolare che evoca i crocefissi del Carpaccio. I condannati appesi uno a uno agli alberi del viale, la morte che arriva lenta per strangolamento, gli ultimi che attendono il supplizio per ore, davanti all'agonia dei compagni. Un episodio quasi sconosciuto alla gran parte degli italiani. Uno di quelli che non si studiano a scuola, che si scoprono quasi per caso. Io l'ho sentito raccontare dai vecchi di Bassano del Grappa.

C'è un rastrellamento tedesco, l'Operazione Piave. I partigiani e molti civili fuggono. Il comandante nazista, il vicebrigadiere delle Ss Herbert Andorfer, prepara una trappola. Fa affiggere manifesti sui muri di Bassano e dei paesi vicini: chi si presenterà avrà salva la vita e lavorerà per l'Organizzazione Todt – civili al servizio dei militari – o entrerà nella Flak, la contraerea. Ignare, le persone influenti della zona, sindaci, maestri, sacerdoti, gli stessi genitori invitano i giovani a presentarsi.

Il 26 settembre 1944 gli abitanti di Bassano, compresi i bambini che giocano sul viale, vedono arrivare i camion e scendere i loro fratelli maggiori, con le mani legate dietro la schiena. Nel silenzio, rotto solo dagli ordini secchi in tedesco, i ragazzi vengono appesi agli alberi. Il viale è molto lungo, ma poiché gli alberi non bastano alla fine i renitenti alla leva nazifascista penderanno dagli alberi di altre due vie della città. I cappi sono cavi del telefono. A infilarvi le teste dei loro coetanei sono giovani fascisti, di 18, 17 e anche 16 anni, inquadrati nei reparti della contraerea. I cappi sono legati da una lunga fune al camion. Il boia Karl Franz Tausch coordina l'esecuzione, spiega come e quanto stringere i lacci, ordina al camion di accelerare. Il cappio si stringe attorno al collo dei primi trentuno condannati. I giovani fascisti sono incaricati di tirare le gambe di coloro che respirano ancora.

È quasi mezzanotte. Fra gli impiccati c'è un malato di mente, che grida disperato. C'è il maestro elementare di Mirandola. C'è un ragazzo di 17 anni, Cesare, che si trovava sul Grappa per curarsi una malattia ai polmoni, un altro, Giovan Battista, che ha appena compiuto 16 anni; suo fratello Giuseppe, diciottenne, è stato fucilato due giorni prima. Un quindicenne viene giustiziato nella caserma Reatto, con altri prigionieri; nel plotone d'esecuzione ci sono ragazzi della sua età o anche più giovani. Alla fine i carnefici vanno al Caffè Centrale e all'hotel Al Cardellino a brindare e festeggiare. Nessuno di loro, neppure Tausch, sarà mai processato.

Tra il 20 e il 28 settembre l'Operazione Piave porta alla morte di 264 partigiani o renitenti alla leva. Solo trenta cadono in combattimento; gli altri sono appesi agli alberi di

Bassano o fucilati e sepolti in fosse comuni. Quasi tutti i prigionieri si erano presentati spontaneamente, per lo strazio dei padri e delle madri che ora ottengono di recuperare almeno il corpo dei figli. Alcuni non saranno mai ritrovati.

L'esibizione dei cadaveri dei partigiani e dei civili uccisi, per umiliarli anche dopo la morte e terrorizzare gli italiani, fu pratica costante per tutta la guerra civile.

La sera del 15 novembre 1943, «la lunga notte del '43» come da titolo del film, i fascisti puniscono Ferrara per l'uccisione del federale Ghisellini: vengono fucilati per rappresaglia non solo noti antifascisti, ma anche il senatore Arlotti e altri uomini che vengono dal partito ma l'hanno abbandonato dopo il 25 luglio. I cadaveri vengono lasciati esposti affinché servano di monito alla cittadinanza. Tra i neri si conia un nuovo termine: «ferrarizzare».

Dopo l'incursione contro il presidio tedesco di Chivasso, i nazisti impiccano sette partigiani della VI divisione Giustizia e Libertà al cavalcavia di Settimo dell'autostrada Torino-Milano. Per giorni il traffico continua e fa oscillare i cadaveri. Lasciati alle intemperie, alcuni non saranno mai identificati.

La piazza principale di Ivrea si chiama piazza Nazionale. È dedicata a Ferruccio Nazionale, che qui rimase appeso per ore, dopo essere stato ferocemente torturato dagli uomini della X Mas – gli strapparono anche la lingua – e ucciso, con un cartello al collo: «Aveva tentato di colpire con le armi la X». Fu però un ufficiale della X Mas, del battaglione Fulmine, tra le proteste dei camerati, a far togliere il cadavere dalla piazza per seppellirlo con gli onori militari.

A volte episodi feroci della liberazione non si comprendono, se non si racconta la storia dei luoghi dove sono accaduti. A piazzale Loreto i corpi dei partigiani fucilati rimasero esposti per giorni: comando tedesco, plotone d'esecuzione italiano; quasi tutta Milano fu costretta a vederli. Quando la folla si abbandonerà all'esecrabile scempio del corpo del

Duce, molti avevano ancora davanti agli occhi quell'immagine. Il che non giustifica; ma aiuta a capire.

Giovanni Gentile è molto compianto. Fu un grande filosofo. Fu anche uomo del regime, e di Salò. Aiutò alcuni colleghi ebrei, ma appoggiò la politica razziale del fascismo e poi della Repubblica sociale. Spese il suo prestigio per evitare alcune esecuzioni, ma invitò alla rappresaglia verso i partigiani e pure verso i «neutrali e i prudenti». Meno di un mese prima della sua morte, nella sua città, Firenze, la Repubblica sociale mette volutamente in scena la propria spietatezza. Cinque ventenni renitenti alla leva di Salò – non partigiani – vengono fucilati al Campo di Marte. I fascisti obbligano passanti e scolaresche ad assistere. Il plotone d'esecuzione è composto da reclute: molti sbagliano il tiro, dal gruppo dei feriti si sente urlare «mamma!», il grido di chi sta morendo. Il maggiore Carità estrae la pistola, li finisce, apostrofa i presenti: «Piaciuto il cinematografo?». Gentile era il responsabile di quelle cinque morti? No. Gentile era una vittima innocente, estranea alla dittatura e alla guerra civile? Neppure. Il partito comunista non c'entra con la fine di Gentile? Fu Togliatti stesso a volerla, e non certo per vendicare i ragazzi di Campo di Marte. Fu un agguato vigliacco come quelli degli anni del terrorismo? L'uomo che uccise Gentile, Bruno Fanciullacci, «Maurizio», verrà arrestato e torturato a pugnalate nella mano sinistra e nei testicoli, riuscirà a fuggire, sarà ripreso e morirà lanciandosi da una finestra di Villa Triste, in una pausa dell'interrogatorio. I «ragazzi di Salò», i «vinti», avevano ancora il coltello dalla parte del manico. E la storia della Resistenza assomiglia a un martirologio. Composto da nomi pressoché sconosciuti, e da personaggi dalle storie più diverse: compresi sacerdoti, donne, aristocratici, ufficiali, professori, monarchici.

L'alpino partigiano

Non fu scelto per caso neppure l'albero di via Cernaia, accanto alla stazione di Porta Susa, a cui il 29 aprile fu appeso il federale di Torino Solaro, l'uomo che aveva presieduto alla condanna e alla fucilazione del generale Perotti. Era lo stesso albero a cui furono impiccati Ignazio Vian e altri quattro partigiani.

Neppure Vian era un comunista o un combattente politico. Era uno studente della Fuci, Federazione degli universitari cattolici, amico personale di Giulio Andreotti. Tenente dell'esercito, sale sulle montagne sopra Boves dopo l'8 settembre. I suoi uomini catturano due ufficiali tedeschi; le Ss del maggiore Joachim Peiper piombano su Boves e prendono centinaia di ostaggi. Il parroco e l'industriale del paese, don Giuseppe Bernardi e Antonio Vassallo, si offrono come mediatori. Peiper li fa fucilare e bruciare con i lanciafiamme, nonostante i due ufficiali siano stati rilasciati. Poi ordina di aprire il fuoco sulla folla: muoiono decine di persone. La Resistenza comincia lì, con i martiri di Boves: gente di montagna, non militanti politici; civili aggrediti a scopo di ammonimento e di terrore. Peiper, l'uomo che dopo Boves farà fucilare settanta prigionieri americani a Malmedy, resterà impunito. Più di un sito Internet, purtroppo italiano, giustifica il suo operato citando la convenzione dell'Aja sulle rappresaglie di guerra.

Dopo quel che avevano visto o saputo di Boves, in molti raggiunsero gli uomini di Vian, che si unirono al primo gruppo divisioni alpine, comandato da un altro ufficiale dell'esercito: Enrico Martini, «Mauri». In missione a Torino, Vian fu arrestato il 19 aprile 1944 e torturato perché svelasse nomi e nascondigli dei suoi uomini, ma non parlò. Temendo di cedere, tentò di uccidersi in carcere. Lo impiccarono il 22 luglio, nel cuore del quartiere militare di Torino, credendo di infliggergli un'umiliazione. Con lui, allo stesso modo, morirono un ragazzo di diciassette anni, Felice Briccarello, un contadino, Battista Bena, e Francesco Valentino, gappista.

Quel 22 luglio furono impiccati a Torino altri due prigionieri, il gappista Giuseppe Bravin e l'operaio Giovanni Costanzo, vicino al ponte sulla Stura, in corso Giulio Cesare. Barriera di Milano, un quartiere popolare. I loro corpi furono posti su un autocarro dalle sponde abbassate; fermato il traffico, i passeggeri fatti scendere dai tram: tutti vennero costretti a guardare. Un allarme aereo disperse soldati e civili; le salme restarono esposte fino al mattino dopo. Lo stesso comando militare tedesco si lamentò per una spettacolarizzazione che, a suo parere, avrebbe finito per esacerbare ancora di più i torinesi. Non aveva torto.

Valentino e Bravin erano stati catturati nell'azione in cui fu ferito Dante Di Nanni, lui sì comunista. Era il 14 maggio 1944. I tre gappisti, con il loro comandante Giovanni Pesce, attaccano una stazione radio sulla Stura, che disturba le comunicazioni di Radio Londra. Prima di farla saltare, il commando disarma i nove militi che la presidiano e risparmia loro la vita, dietro la promessa che non daranno l'allarme. Traditi, i gappisti sono circondati dai fascisti. Nello scontro restano tutti feriti. Valentino e Bravin vengono catturati. Pesce trascina via Di Nanni, che ha sette proiettili in corpo, e lo porta nella base di via San Bernardino 14, a borgo San Paolo, il quartiere operaio. Avvertiti da un delatore, fascisti e tedeschi circondano la casa. Di Nanni decide di combattere. Da solo tiene impegnati per tre ore gli assedianti: con le bombe a mano e il tritolo mette fuori combattimento due blindati. Finite le munizioni, decide di non consegnarsi vivo. Prima di gettarsi dal balcone, saluta la folla con il pugno chiuso e grida: «Viva l'Italia!».

«Viva l'Italia!» gridò prima di morire Cleonice Tomassetti. Non una pasionaria; una donna di 33 anni, molto bella, come dimostrano le foto, che aveva fatto una scelta di libertà e dignità dopo una vita drammatica. Figlia di contadini della campagna sabina, penultima di sei fratelli, violentata dal padre a sedici anni, madre per pochi giorni di un bambino morto prematuro, cameriera in una casa romana dove subirà altre violenze. A Milano cerca una nuova vita. Si lega a un assicuratore, separato dalla moglie, che muore di meningite. Frequenta ambienti antifascisti. Lavora nella bottega di un sarto dove un giorno passa un cliente, Sergio, che ha deciso di salire in montagna per non rispondere al bando di Salò. Cleonice Tomassetti lo segue.

C'è anche lei, tra i 43 partigiani fucilati a Fondotoce, il 20 giugno 1944. Sono le 3 del pomeriggio quando un reparto di Ss preleva dalla cantina di Villa Caramora, a Intra, i prigionieri rastrellati in Val Grande. Alcuni erano nella «Giovane Italia» con Mario Flaim, un tenente degli alpini ucciso qualche giorno prima, altri hanno combattuto nella «Cesare Battisti». Quasi tutti portano il segno delle torture: molti hanno il volto sporco di sangue, altri si reggono a stento in piedi. Devono marciare per tre ore, in una giornata particolarmente afosa: Intra, Pallanza, Suna, Fondotoce. Due partigiani sono costretti a portare un cartello: «Sono questi i liberatori d'Italia o forse i banditi?». La colonna si ferma sul greto del canale che congiunge il lago di Mergozzo al lago Maggiore.

È allora che «Nice» Tomassetti si rivolge ai compagni: «Su, coraggio ragazzi, è giunto il plotone d'esecuzione. Niente paura. Ricordatevi che è meglio morire da italiani che vivere da spie, da servitori dei tedeschi». Un milite fascista traduce la frase a un soldato, che la prende a schiaffi e a sputi. Altri militi però – racconta un testimone, Emilio Liguori – fremono di rabbia alla vista delle umiliazioni inflitte a uomini e donne che sono pur sempre compatrioti. Scrive Liguori: «La donna non si scompose; incassò impassibilmente e poi, fiera e con aria ispirata, quasi trasumanata, disse parole che, per mio conto, la rendono degna di essere paragonata a un'eroina del nostro Risorgimento: "Se percuotendomi volete mortificare il mio corpo, è superfluo il farlo; esso è già annientato. Se invece volete uccidere il mio spirito, vi dico che è opera vana: quello non lo domerete mai". Poi, rivolta ai compagni: "Ragazzi, viva l'Italia, viva la libertà per tutti!", gridò con voce squillante».

L'agonia delle donne

Il contributo di sangue delle donne italiane alla Resistenza fu alto. Per le staffette partigiane, in particolare, cadere nelle mani di fascisti e tedeschi significava una fine lenta e crudele. La pratica dello stupro nei confronti delle mogli, delle sorelle, delle amiche dei partigiani fu sistematica.

«Prima tra le donne bolognesi a impugnare le armi per la lotta nel nome della libertà», com'è scritto nella motivazione della medaglia d'oro al valor militare alla memoria, fu Irma Bandiera. Le armi le aveva trasportate nella base della VII Gap a Castelmaggiore, quando la presero i nazifascisti, dopo uno scontro a fuoco, mentre tornava a casa. Le trovarono addosso documenti importanti. La seviziarono per sei giorni, senza riuscire a farle confessare i nomi dei compagni. L'ultimo giorno la portarono di fronte a casa sua: «Lì dentro ci sono i tuoi. Se non parli, non li vedrai mai più». Lei non parlò. I fascisti le cavarono gli occhi. Poi la portarono ai piedi della collina di San Luca, al Meloncello, dove i portici cominciano a salire verso il santuario, e finalmente le scaricarono addosso i mitra. Il suo corpo martoriato fu lasciato lungo quella strada cara ai bolognesi per un giorno intero.

Il corpo di Iris Versari fu impiccato due volte, sotto i portici di Castrocaro Terme e poi a Forlì in piazza Aurelio Saffi, ma lei era già morta. Ferita, si era suicidata per non rallentare la fuga degli altri.

Figlia di contadini, ospita nella sua casa di Tredozio un gruppo partigiano, la «banda Corbari», dal nome di Silvio Corbari che la comanda. Iris, che non ha ancora 22 anni, se ne innamora. Il 27 gennaio 1944 la casa viene incendiata, sua madre e suo padre sono arrestati e deportati in un lager: lei tornerà, lui morirà. Silvio Corbari, Iris Versari e gli altri combattono con coraggio ai limiti della temerarietà. Occupano Modigliana, rapinano la banca e fuggono. Poi fanno sapere che torneranno e saranno spietati con i collaborazionisti; i militi fuggono tutti, Corbari entra nel bar del paese, ordina una bibita, beve con la cannuccia tra gente divertita e preoccupata. Poi fingono di arrendersi al console della milizia Marabini e lo uccidono.

Finirà male. Iris si ferisce al ginocchio con un colpo partito per errore dal proprio Sten, Corbari le è a fianco con altri due compagni, Casadei e Spazzoli. Dormono in casa di un contadino. Alle 4 del mattino arrivano i fascisti: Iris uccide il primo, infuria lo scontro, i militi sparano con i mortai, i partigiani rispondono con le bombe a mano. L'unica speranza è la fuga; Silvio esita ad abbandonare Iris; per sciogliere l'esitazione lei si uccide. Corbari scappa ma si sloga un ginocchio cadendo in un dirupo, i fascisti gli sono addosso. Finirà impiccato in piazza a Forlì, accanto alla sua donna.

Fu ancora più atroce la fine di Gabriella Degli Esposti. Pure lei figlia di contadini, dopo l'8 settembre con il marito Bruno Reverberi trasforma la propria casa in una base della Quarta Zona della Resistenza, anche se ha due figli piccoli e ne aspetta un terzo. Gabriella partecipa ad azioni di sabotaggio. Organizza i «Gruppi di difesa della donna», portando in piazza a Castelfranco Emilia centinaia di mogli e madri per protestare contro la penuria di viveri. Arrestata, viene picchiata e minacciata di morte dalle Ss dell'ufficiale Schiffmann davanti alla primogenita, Savina, ma non rivela dov'è nascosto il marito. Altre settanta persone sono arrestate dai tedeschi nelle campagne di Castelfranco. Il 17 dicembre 1944, nove di loro vengono portati sul greto del Panaro a San Cesaro e giustiziati, al fianco di Gabriella Degli Esposti. Prima di essere fucilata deve subire sevizie terribili, nonostante sia incinta. Il suo corpo sarà ritrovato senza occhi, con il ventre squarciato e i seni tagliati.

Cecilia Deganutti invece non faceva politica. Era un'infermiera della Croce Rossa. Dopo l'armistizio assiste i militari italiani internati in Germania. Vede come si comportano i nazisti. Tornata in Italia, si unisce alla Resistenza, nelle Brigate Osoppo-Friuli. Catturata dai tedeschi a Udine, viene torturata dalle Ss nel carcere di Trieste e poi portata alla Risiera di San Sabba. Poche settimane prima della Liberazione è uccisa e bruciata nel forno crematorio.

Sono storie terribili, che si preferirebbe non dover raccontare. Il punto è che, per quanto i partigiani combattenti siano meno di chi si disse partigiano nel dopoguerra, la percentuale di perdite tra di loro fu molto alta. Quasi sempre, chiunque fosse catturato da tedeschi e fascisti era destinato a una fine tragica: l'unica speranza era che fosse rapida.

Le storie di esecuzioni di massa sono tantissime. Quasi sempre i fucilati e gli impiccati diedero prova di coraggio e dignità. E nell'affrontare la morte, come già i martiri del Risorgimento, vollero rivendicare il loro legame con la patria italiana, al di là delle motivazioni ideologiche.

Chi ricorda il nome della Benedicta? A scuola lo insegnano? In tv ne parlano? È uno dei luoghi più remoti del Nord, in cima all'Appennino ligure. Fu una vera e propria mattanza: più di cento fucilati, quattrocento deportati nei campi di sterminio tedeschi; quasi nessuno tornò. E il Frigido, dice qualcosa a qualcuno? Il 10 settembre 1944 i tedeschi in ritirata dalla Toscana si disfano dei prigionieri: oltre 170 uomini detenuti nel carcere di Massa e nel castello di Malaspina vengono portati sulle rive di un fiume, il Frigido appunto, dentro i crateri di tre bombe americane, e fucilati. Tra loro ci sono partigiani, prigionieri politici, detenuti comuni.

A volte le esecuzioni sono pubbliche. Il 7 aprile 1944 i fascisti prelevano dalle carceri Nuove di Torino diciotto partigiani. Due riescono a fuggire. Gli altri sedici sono schierati sulla piazza di Caluso e tenuti lì per tutto il giorno. Poi gli abitanti e i ragazzi delle scuole vengono costretti ad assistere all'esecuzione. Molti militi sono ubriachi. Tra i sedici c'è Giovanni Borca, «Oscar»: colpito di striscio da una pallottola al cranio, perde i sensi, è creduto morto. Partiti i fascisti, la popolazione lo soccorre. Può così raccontare il massacro cui ha assistito quattro giorni prima, sulla collina torinese, destinato a restare segreto.

La sera del 30 marzo 1944, sul ponte Umberto, un gappista aveva ucciso un caporale tedesco. Il mattino del 2 aprile i nazisti prendono dalle Nuove ventisette giovani e li fucilano al Pian del Lot, sulla collina che domina la città. Altri prigionieri hanno il compito di seppellirli. Tra loro c'è «Oscar»: «Fummo fatti scendere dal camion e slegati. Si udivano raffiche di armi automatiche. Girato lo sguardo verso quel punto, una scena orrenda si apre al mio sguardo: partigiani legati con le mani dietro la schiena vengono fatti avanzare verso una grande fossa, entro cui giacciono dei compagni, falciati dalle armi automatiche, corpi solo straziati e gementi, a cui questi mostri in veste umana hanno negato anche il colpo di grazia. Assistiamo così all'eccidio dei restanti. Vengono fatti avanzare quattro alla volta verso la fossa e, colpiti a raffiche di mitra, cadono dentro la loro tomba. Finito l'eccidio noi fummo costretti a coprire la fossa nella quale molti dei caduti erano solo feriti; gemiti e lamenti provenivano dalla fossa. Fummo poi ricaricati sui camion e riportati alle Nuove. Qui i tedeschi ci imposero di non raccontare i fatti». I giornali sulle prime non riportano la notizia, in seguito parleranno dell'esecuzione di «delinquenti abituali», membri di una «vasta organizzazione terroristica»; in realtà sono ragazzi di vent'anni rastrellati in Val di Lanzo e in Val Pellice.

Due giorni dopo, il 4 aprile 1944, al poligono del Martinetto, venivano giustiziati il generale Perotti e i suoi uomini.

I cinquemila fucilati di Cefalonia

«Nemmeno mia moglie lo sa, ma fui io, in quel settembre del 1943, a comandare il plotone d'esecuzione di Cefalonia. Vidi gli ufficiali italiani cadere in silenzio sotto i nostri colpi, e ancora oggi ricordo quell'ultimo grido del generale Antonio Gandin, il comandante della guarnigione, prima di cadere ucciso: "Viva il re, viva la patria".»

Era il 2001, quando Otto Markmeier, pseudonimo di un testimone misterioso, raccontò a Christiane Kohl, firma della «Süddeutsche Zeitung», l'eccidio di Cefalonia cui aveva partecipato. Un massacro a lungo rimosso dagli italiani. Forse perché non serviva a nessuno. Ai fascisti ricordava la ferocia tedesca. Ai comunisti non interessava celebrare dei militari. I democristiani non desideravano aprire un contenzioso con la Germania. L'esercito guardava con imbarazzo a una vicenda in cui la truppa aveva forzato la mano agli ufficiali. In realtà, quei cinquemila fucilati sono i primi resistenti italiani. Eppure nel 2001 se ne tornava a parlare solo per un film appena uscito, *Il mandolino del capitano Corelli*, tratto da un romanzo mediocre ma di grande successo all'estero.

Il racconto del nazista ignoto non passò inosservato. La procura di Monaco riaprì il caso. Ma concluse che fucilare gli italiani non era reato, bensì la pena consueta per i traditori. Il nostro governo non ebbe nulla da eccepire. Del resto le carte su Cefalonia, numero di pratica 1188, erano rimaste chiuse per mezzo secolo nell'«armadio della vergogna», l'archivio con le prove dei massacri nazisti che in nome della ragion di Stato vennero occultate alla fine della guerra. Il giornalista Alfio Caruso ha svelato che nel 1957 la procura di Roma aveva aperto un procedimento, archiviato su richiesta del ministro della Difesa Taviani e del ministro degli Esteri Martino: se gli ufficiali erano tedeschi, i fucilatori erano sudtirolesi della prima divisione Edelweiss, molti dei quali divenuti cittadini italiani, elettori di un partito amico come la Svp, abitanti di una terra politicamente instabile come l'Alto Adige.

Contro la scandalosa pronuncia della procura di Monaco fece ricorso una donna, Marcella De Negri, figlia del capitano Francesco De Negri, fucilato quando lei aveva appena cinque anni e lo attendeva a casa con quattro fratelli. I magistrati si scusarono per le loro espressioni infelici. Gli italiani non erano più traditori. Ciò non toglie che la strage fosse ormai prescritta. Spuntarono altri testimoni, altre carte. Ma la procura di Dortmund stabilì che non si dovesse procedere: i tedeschi avevano eseguito un ordine di Hitler; e Hitler non poteva più essere processato.

Il processo postumo si fece invece in Italia. Ma non ai nazisti. Al generale Gandin. Accusato ora di aver portato in lungo la trattativa con i tedeschi, additando i suoi uomini come disobbedienti e ribelli, ora di averla interrotta troppo presto. I suoi ufficiali sono stati dipinti come facinorosi che «spararono per primi» ai nazisti benevolenti. La consultazione della truppa, per decidere se arrendersi o combattere, è stata di volta in volta celebrata come un referendum democratico o svilita come «episodio di demagogia e sovietismo militare». La verità è che Gandin tentò di salvare la vita ai suoi soldati, senza perdere la dignità. E la strage ricade per intero sui tedeschi, oltre che su Mussolini.

L'isola greca di Cefalonia, nello Ionio, fu occupata dagli italiani il 1° maggio 1941 e affidata alla divisione Acqui: 12 mila uomini, affiancati da un piccolo presidio tedesco. Dopo il 25 luglio '43, cominciano gli sbarchi nazisti. All'indomani dell'8 settembre, Gandin riceve da Roma ordini contraddittori: prima gli viene detto di arrendersi, poi di resistere. La mattina del 13, mentre risuonano le prime sparatorie, arrivano da Gandin due ufficiali dell'aviazione, uno tedesco e uno italiano. Portano un messaggio di Mussolini, forse un biglietto scritto di suo pugno: il Duce lo invita a un colloquio e gli chiede di passare agli ordini dei tedeschi, nelle file della Repubblica di Salò. Gandin rifiuta. Vorrebbe tornare in Italia con le armi, consegnando l'artiglieria all'imbarco, ma intuisce che non è quello il destino dei suoi uomini: li attende il lager, forse il fronte russo, o la guerra contro i partigiani greci, o addirittura contro altri italiani, le truppe fedeli al re. Gli ufficiali di carriera suggeriscono la resa. Sono cinque ufficiali di complemento – Apollonio, Ambrosini, Pampaloni, Pantano, Longoni – a imporre la consultazione della notte tra il 13 e il 14 settembre, in cui il 90 per cento dei soldati antepone l'onore alla vita. Gandin decide di resistere.

Il 15 settembre gli Stukas bombardano a tappeto. I primi scontri sono favorevoli alla Acqui, i fanti del maggiore Altavilla costringono alla resa il presidio tedesco di San Teodoro; ma la superiorità aerea dei nazisti è schiacciante, la resa inevitabile. Contro ogni legge di guerra, comincia la mattanza dei prigionieri. La caccia all'uomo non risparmia neppure i feriti negli ospedali.

Gli italiani hanno resistito anche a Corfù, ma là solo i venti ufficiali vengono considerati responsabili e giustiziati. I 40 mila fanti di Rodi si arrendono, anche per la viltà del governatore locale: 124 sono caduti in combattimento, quasi 200 vengono fucilati, 150 muoiono di fame nei campi tedeschi sull'isola; in 11 mila annegheranno su navi vetuste avviate al naufragio, altri 10 mila saranno internati in Germania. I 1805 ebrei di Rodi e Kos, quasi tutti cittadini italiani, vengono mandati ad Auschwitz, dove in mille sono sterminati già il primo giorno. A Cefalonia l'ordine tedesco è che nessun italiano sia fatto prigioniero. Secondo la testimonianza del comandante tedesco, il colonnello Johannes Barge, è il Duce in persona a premere perché i «traditori» siano passati per le armi.

Non si saprà mai quanti sono i fucilati. Si calcolano almeno cinquemila morti, legati con il filo spinato e gettati in mare, lasciati in pasto agli animali, bruciati su roghi visibili per due notti dalle navi di passaggio. «Una mattanza senza precedenti nella storia dell'umanità» la definirà al processo di Norimberga il procuratore generale Telford Taylor. Qualche ufficiale si salva mostrando la tessera fascista e giurando fedeltà a Salò. Almeno quattrocento vengono fucilati come Gandin, che rifiuta di essere bendato.

Un testimone greco, Stavros Niforatos, allora giovane medico, racconta che «a molti italiani fu tagliata la gola con i coltelli, come si fa con le pecore al macello». E Spiros Vangelatos, professore d'inglese a Troianata, dove furono fucilati 600 soldati: «Fu orrendo. Pezzi di corpi volavano in aria, zolle di terra, brandelli di stoffa, carne, materia cerebrale. Non durò a lungo, tre o quattro minuti. I corpi giacevano in un mucchio, alto quanto il muro di cinta della casa». I tedeschi furono visti razziare gli zaini dei caduti. Un austriaco non resse e scoppiò in lacrime. Un altro soldato si congratulò con i rari superstiti per il loro coraggio: era un prigioniero ucraino.

Qualcuno si salvò fuggendo all'interno dell'isola, dove si unì ai partigiani greci. Chi aiutava gli italiani veniva impiccato. Morì così Angelos Konstantakis, figlio di un sacerdote ortodosso: i tedeschi costrinsero il padre a impartirgli l'estrema unzione, poi lo appesero a un ulivo. Tremila prigionieri italiani furono imbarcati su tre navi che fecero naufragio sulle mine; i superstiti vennero schierati sul fronte russo come genieri. Alla fine della guerra, dei 12 mila soldati della Acqui ne erano rimasti 2 mila. Carlo Azeglio Ciampi, in visita a Cefalonia, ha detto che «la loro scelta consapevole fu il primo atto della Resistenza, di un'Italia libera dal fascismo».

I preti martiri: «Vi accompagno io davanti al Signore»

Tra il settembre '43 e la primavera del '45, in Italia furono uccisi quattrocento tra sacerdoti e monaci. E non tutti – come si tende a credere o a far credere – dai partigiani. Alcuni dei quali si macchiarono in effetti di orribili delitti. Ma furono molti di più i preti uccisi dai tedeschi – 120 – e dai fascisti: 190. Questo accadde perché gran parte dei religiosi, soprattutto al Nord, scelsero la causa della libertà. E perché su di loro i nazifascisti si accanirono con particolare crudeltà.

Don Pasquino Borghi, figlio di contadini, parroco emiliano, nascose i partigiani nella canonica: arrestato, percosso, torturato, fucilato il 30 gennaio nel poligono di tiro di Reggio Emilia.

Don Giuseppe Morosini, cappellano militare del quarto reggimento di artiglieria in Croazia, trasferito a Roma dove soccorre i ragazzi sfollati, assistente spirituale della Resistenza romana, vicino a Fulvio Mosconi, tenente dell'esercito e capo della «banda Fulvi». Segnalato da un delatore, arrestato dalla Gestapo il 4 gennaio 1944 nel Collegio Leoniano a Prati. Detenuto a Regina Coeli nella cella 382. Torturato, condannato a morte, fucilato il 3 aprile 1944. Su dodici militari del plotone d'esecuzione, dieci sparano in aria. Ferito dai colpi degli altri due, don Morosini viene ucciso dall'ufficiale fascista che comanda l'esecuzione con due colpi alla nuca.

Un altro prigioniero ha scritto di lui: «Detenuto a Regina Coeli sotto i tedeschi, incontrai un mattino don Giuseppe Morosini. Usciva da un interrogatorio delle Ss. Il volto tumefatto grondava sangue, come Cristo dopo la flagellazione. Con le lacrime agli occhi gli espressi la mia solidarietà. Egli si sforzò di sorridermi e le labbra gli sanguinarono. Nei suoi occhi brillava una luce viva; la luce della sua fede. Benedisse il plotone d'esecuzione dicendo ad alta voce "Dio, perdona loro, non sanno quello che fanno" come Cristo sul Golgota. Il ricordo di questo nobilissimo martire vive e vivrà sempre nell'animo mio». Il prigioniero era Sandro Pertini.

Don Pietro Pappagallo, viceparroco di San Giovanni in Laterano, nella Roma occupata aiuta soldati, partigiani, emissari alleati, ebrei e altri ricercati dai nazisti. Segnalato dalla spia Gino Crescentini, arrestato dalle Ss, condannato a morte. In carcere divide il pasto con i reclusi che non hanno ricevuto cibo. Ucciso alle Fosse Ardeatine. Nel Giubileo del 2000, Giovanni Paolo II l'ha incluso tra i martiri della Chiesa del Novecento. La sua storia ispirò *Roma città aperta* di Roberto Rossellini e fu raccontata dalla fiction *La buona battaglia*, trasmessa dalla Rai. In contemporanea Mediaset diede una fiction sulla bonifica delle paludi pontine, *Questa è la mia terra*, che vinse nettamente il confronto degli ascolti.

Solo nella provincia di Arezzo, nel 1944 furono uccisi diciassette sacerdoti e un seminarista. Arrestato con suo fratello Sante, capo partigiano, don Giuseppe Tani è trucidato il 15 giugno 1944, con un altro prigioniero e due partigiani che hanno tentato invano di liberarli. Due settimane dopo don Alcide Lazzeri, parroco di Civitella della Chiana, offre la sua vita per salvare i fedeli: gli rispondono con una raffica di mitra. Muoiono con lui monsignor Sebastiano Fracassi, canonico di Arezzo, e il seminarista Giuseppe Pasqui; non lontano, nella frazione di San Pancrazio, viene ucciso con i suoi parrocchiani don Giuseppe Tonelli.

A Castelnuovo dei Sabbioni, nella diocesi di Fiesole, il 4 luglio 1944 i tedeschi radunano 74 ostaggi nella piazza del paese. Il parroco, don Ferrante Bagiardi, ne chiede la liberazione. Di fronte al rifiuto dell'ufficiale nazista, si unisce a loro, impartisce l'assoluzione e l'eucaristia, e rassicura i parrocchiani: «Vi accompagno io davanti al Signore». Muoiono tutti e 75. Nella stessa diocesi, nello stesso modo, muore don Giovanni Fondelli, parroco di Meleto. Don Ermete Morini, parroco di Massa dei Sabbioni, è ammazzato a colpi di baionetta. Ancora a luglio sono uccisi il parroco di Faeto, don Dante Ricci, quello di Camporaghena, don Lino Baldini, e don Domenico Mencaroni di Sansepolcro, che rifiutano di rivelare i nomi dei partigiani. È di Sansepolcro anche don Francesco Babini, ucciso a Pievequinta con otto detenuti politici.

Cadono il padre marista Paolo Roggi, il domenicano Rosario Mirabene, il servita Raffaele Mazzucchi, il cappuccino Ignazio da Carrara – inseguito e colpito nell'orto del suo convento di Forte dei Marmi –, il giuseppino Eligio Bortolotti, il francescano Raffaello Pericchi, la cui unica colpa è di aver soccorso i suoi parrocchiani di Chiusi della Verna, colpiti dai tedeschi in un rastrellamento: quando lo vedono chino sui feriti, gli sparano e lo abbandonano a una lunga agonia. Don Bianco Cotoneschi, parroco di Pulicciano, è ucciso in un bosco; don Eugenio Grigoletti, parroco di Adelano, mentre è inginocchiato in preghiera; a don Aldo Mei, parroco di Fiano, viene imposto prima di scavarsi la fossa; lo stesso accade a don Fortunato Trioschi, parroco di Crespino del Lamone. E deve ancora avvenire la strage di Sant'Anna di Stazzema (12 agosto 1944): oltre cinquecento morti, per mano delle Ss di Max Simon.

Tra loro c'è don Innocenzo Lazzeri, parroco di Farnocchia, medaglia d'oro al valor civile, che offre invano la propria vita per salvare altri innocenti; prima di cadere mostra alto ai carnefici il corpo straziato di un bambino. Il parroco di Stazzema, don Fiore Menguzzo, viene impiccato dalle Ss con tutta la sua famiglia. Don Libero Raglianti, parroco di Valdicastello, è arrestato per aver fornito cibo e medicine ai civili: sarà fucilato il 28 agosto. Cade anche il canonico della collegiata di Pietrasanta, don Giuseppe Simi.

Il martirologio non è finito. Contempla altri piccoli paesi, altri eroi sconosciuti. Il 19 agosto, per vendicare diciassette camerati morti in uno scontro con i partigiani della brigata Ugo Muccini, gli uomini del famigerato Walter Reder occupano San Terenzo in Lunigiana e uccidono per primo il parroco, don Michele Rabino: alla fine saranno un centinaio i civili massacrati. È Reder in persona a consegnare il parroco di Vinca, don Luigi Janni, alle Brigate nere, che lo fucilano sul ponte di Santa Lucia con suo padre e altre due persone. Don Angelo Uniti, parroco di Lunata, sarà torturato prima di morire, come il suo curato don Giorgio Bigongiari.

Quel che fa infuriare tedeschi e fascisti è vedere tanti sacerdoti schierarsi con la Resistenza o comunque al fianco della popolazione, contro di loro. Il settembre 1944 sull'Appennino è ancora più terribile per i religiosi toscani. Il 2 all'abbazia di Farneta vengono fucilati dodici monaci certosini. Il 7 è ucciso il priore della certosa di Montemagno, padre Martino Binz, insieme con il vescovo venezuelano monsignor Salvador Montes de Oca. Altri dieci certosini – quattro italiani, due spagnoli, due svizzeri, un francese, un tedesco – saranno fucilati nel massacro del Frigido, insieme con 160 ostaggi tra cui quattro sacerdoti. Don Florindo Bonomi paga con la vita il suo sostegno attivo al Comitato di liberazione di Fosdinovo.

Non era un sacerdote ma un fascista convinto, Teresio Olivelli. Studente al Collegio Ghislieri di Pavia, di cui sarà il più giovane rettore. Segretario dell'Istituto di Cultura fascista. Due viaggi ufficiali nella Germania nazista. Volontario sul fronte russo: sottotenente della Tridentina, testimone del martirio degli alpini e della spietatezza dei tedeschi, che il 9 settembre 1943 lo fanno prigioniero. Rinchiuso a Innsbruck e poi nel campo di Markt Pongau. Evaso. Dopo una lunga fuga raggiunge Udine dove viene ospitato e curato dalla famiglia Ariis, quindi riparte per Brescia, dove fonda le Fiamme Verdi, partigiani cattolici.

È l'ex fascista Olivelli a tenere i contatti tra le nuove formazioni e il Cln. Apre un giornale, «Il ribelle», in cui si discute come dovrà essere l'Italia libera e democratica. Arrestato a Milano il 27 aprile 1944, torturato a San Vittore e nel campo di Fossoli, si nasconde per sfuggire alla fucilazione ma viene scovato e trasferito nel campo di Gries, poi a Flossenburg in Baviera, infine a Hersbruck. Nel lager assiste gli altri internati, ne cura le ferite, divide con loro il pane. Muore sotto i colpi di un kapò, per difendere un compagno di prigionia. La sua causa di beatificazione è in corso.

Il colonnello Montezemolo

Alcune tra le figure più alte della Resistenza sono militari. A volte ufficiali, aristocratici, monarchici. Uomini come il marchese Felice Cordero di Pamparato, tenente di artiglieria, riparato in Svizzera dopo l'8 settembre per sfuggire ai nazisti, tornato in Italia per unirsi alle prime bande partigiane autonome della Val Sangone, nome di battaglia «Campana». Catturato dalle Brigate nere vicino a Giaveno, portato in paese e interrogato per due giorni, rifiuta di aderire alla Repubblica sociale. Lo impiccano a un terrazzo sulla piazza della stazione, con altri tre combattenti per la libertà, il 17 agosto 1944.

Uomini come Sabato Martelli Castaldi, generale di brigata aerea, volontario della prima guerra mondiale, più volte decorato al valore. Nel 1919 è in Libia, nel '33 è già generale. Candidato alla successione di Italo Balbo al ministero dell'Aeronautica, messo a riposo per aver denunciato episodi di corruzione. Dopo l'8 settembre combatte i tedeschi a Porta San Paolo, prende contatto con gli alleati, organizza bande partigiane, distribuisce esplosivi. Il 17 gennaio 1944 si presenta spontaneamente in via Tasso per scagionare il proprietario di un polverificio, accusato di aver fiancheggiato i partigiani. Arrestato, rinchiuso nella cella numero 1 di via Tasso, sottoposto per più di un mese alle torture. Fucilato alle Ardeatine.

Il colonnello Giuseppe Cordero di Montezemolo era il capo della segreteria di Pietro Badoglio. L'8 settembre, però, non segue il capo del governo nella fuga. Resta a Roma, accanto al generale Pietro Calvi di Bergolo, che ha assunto il comando della Città aperta nel nome del re. Montezemolo fa parte della delegazione italiana che tratta con i tedeschi il cessate il fuoco nella capitale. Poi entra in clandestinità. Diventa l'ingegner Giacomo Cataratto, infine il professor Giuseppe Martini. Il 10 ottobre riesce a stabilire il contatto radio con il governo di Brindisi. Gli viene affidato il comando del Fronte militare clandestino, composto da ufficiali, soldati e carabinieri fedeli al re, che deve organizzare la Resistenza romana.

Montezemolo si sposta di continuo, rinuncia ai rapporti con i suoi cari per non esporli. Non si fida quasi di nessuno se non del suo capo di Stato maggiore Ugo de Carolis, del suo commilitone Filippo de Grenet e di pochi altri. Monarchico, convinto anticomunista, collabora con Giorgio Amendola e gli altri capi del Cln romano, fornisce esplosivi e informazioni per attaccare le linee ferroviarie su cui viaggiano i rifornimenti tedeschi verso la linea Gustav, che gli angloamericani non riescono a sfondare. Un delatore lo fa arrestare il 25 gennaio 1944, dopo una riunione clandestina con il generale Quirino Armellini, uomo di Badoglio. Con de Grenet, Montezemolo viene rinchiuso in via Tasso.

Per 58 giorni subisce continui interrogatori e torture. I nazisti gli strappano le unghie. Gli cavano i denti. Non avranno nessun nome, nessuna notizia. Armellini propone a Badoglio di scambiarlo con qualche prigioniero tedesco di pari importanza, ma la sua richiesta cadrà nel vuoto. I nazisti sanno di avere in mano un elemento di primo piano, ma quando capiscono che non ne otterranno nulla lo portano con gli altri alle Ardeatine.

Com'è possibile tacere sotto le torture? Da dove viene la forza di sacrificare il proprio corpo, la propria virilità, la speranza di un futuro e di tramandare il proprio nome ai figli? Una volta lo chiesi a un uomo che le torture naziste le aveva provate sulle proprie carni, Edgardo Sogno. Mi rispose che qualche mezzo per cavarsela c'era. Fare il nome di compagni che si sapevano morti, oppure al sicuro in Svizzera o al Sud. Dare informazioni già note. Magari inguaiare qualche spia. Dilungarsi su dettagli secondari. Poi però arrivava il momento della verità: parlare, e perdere altri uomini, o tacere, e rischiare di perdere la propria vita. E lì la forza morale potevi trovarla soltanto in te stesso. Più che nel corpo, diceva Sogno, nelle proprie convinzioni: l'amore di patria, l'aspirazione alla libertà, l'odio per il nemico tedesco, il disprezzo per il collaborazionista italiano.

L'anticomunismo di Sogno era assoluto. Credo anzi che il motivo per cui, in punto di morte, si decise a confessare di aver preparato davvero un colpo di Stato fosse far sapere che lui non era una vittima fragile e indifesa, e anzi i comunisti negli anni Settanta li avrebbe volentieri mandati su qualche sperduto promontorio sardo, e se necessario in galera. Ma del modo in cui i comunisti avevano fatto la guerra di Liberazione, Sogno aveva la massima stima. Li considerava combattenti affidabili, ed era fiero che loro pensassero lo stesso di lui. «Io sapevo dove dormiva Pajetta, dove dormiva Giambone. Antonicelli no, non lo sapeva», e qui Sogno indicava l'uomo che aveva preso il posto del generale Perotti alla presidenza del Comitato di liberazione torinese; un uomo di cui non aveva alcuna stima.

Sogno, che fu il fondatore della Franchi, l'organizzazione di collegamento tra gli alleati e i partigiani, dava un giudizio politico severo pure degli esponenti del Partito d'Azione. Li considerava succubi dei comunisti. Guardava a quei professori, quegli studenti, quegli avvocati come a traditori del proprio censo, del proprio ceto, della propria cultura liberale. Ma ne riconosceva il coraggio e la capacità di sacrificarsi.

Emanuele Artom è un personaggio quasi esemplare di quella virtuosa minoranza torinese che ha avuto un ruolo così importante nel Risorgimento e nella Resistenza. Ebreo, nato in una famiglia di matematici, allievo di Augusto Monti al liceo D'Azeglio, laureato con Mario Attilio Levi con una tesi sugli Asmonei, fondatore di un circolo culturale frequentato da Primo Levi, Giorgio Segre, Franco Momigliano, Luciana Nissim. Antifascista. Iscritto nel '43 al Partito d'Azione. Dopo l'8 settembre si unisce ai partigiani, nome di copertura Eugenio Ansaldi. È il rappresentante degli azionisti presso i garibaldini comandati da Pompeo Colajanni, «Barbato». Nel gennaio '44 torna dai suoi: commissario politico nelle formazioni di Giustizia e Libertà della Val Germanasca e della Val Pellice. È tra i pochi intellettuali a sentire il dovere di combattere. Uomo minuto, fragile, trascorre l'inverno passando di banda in banda, partecipa a operazioni militari e a lunghe marce, ma soprattutto parla con partigiani restii ai discorsi politici, spiega le ragioni di una lotta non solo per la liberazione ma anche per la democrazia.

Il 21 marzo 1944 i tedeschi cominciano il grande rastrellamento. Le pattuglie risalgono le valli. Il 25 Artom è sorpreso dalle Ss italiane: altri compagni riescono a sganciarsi, lui viene catturato. Scoperto come ebreo e commissario politico, torturato, caricato a forza sul dorso di un mulo, un cappellaccio in testa, una scopa sotto il braccio, il volto irriconoscibile per i colpi ricevuti. Il trofeo di guerra viene fotografato ed esibito su giornali tedeschi e italiani.

In carcere Emanuele Artom resiste solo una settimana alle sevizie. Due prigionieri sono costretti a seppellirlo, di notte, sulle rive del Sangone. Non ha ancora 28 anni. Il suo corpo non sarà mai ritrovato.

Nulla toglie all'eroismo di Artom il fatto che, sotto le torture, si sia lasciato sfuggire un nome: Willy Jervis, indicato come corriere dei partigiani. Ingegnere meccanico dell'Olivetti, 43 anni, valdese, Jervis è in realtà il capo militare degli azionisti. È stato arrestato dalla Gestapo pochi giorni prima, l'11 marzo 1944, mentre scendeva dalla Val Germanasca con le lettere affidategli dal comandante partigiano Roberto Malan, carte annonarie e licenze per ufficiali, che dovevano servire ai partigiani come copertura. A casa gli trovano due foglietti con la trascrizione di trasmissioni radiofoniche inglesi. Picchiato, trasferito a Torino nelle mani della Gestapo, dichiarato dalla polizia tedesca «elemento estremamente pericoloso», per cinque mesi viene trasferito più volte e terrorizzato con finte esecuzioni. La moglie Lucilla, nipote di un pastore valdese, si batte disperatamente per salvarlo. Si tenta di organizzare uno scambio con un ufficiale tedesco fatto prigioniero, ma i partigiani lo uccidono. È la fine.

Willy Jervis è fucilato nella notte tra il 4 e il 5 agosto, a Villar Pellice. Trascinato da un camion, sfigurato, appeso a un albero sulla piazza del paese, secondo una tradizione non confermata sarà riconosciuto dalla Bibbia che porta con sé. Lascia una bambina di quattro anni, Paola, e un ragazzino di dieci, Giovanni, che diventerà uno dei più importanti psichiatri italiani, coautore con Basaglia della riforma che chiuderà i manicomi.

Anche Leone Ginzburg aveva studiato al D'Azeglio. Non era però nato a Torino ma a Odessa, sul Mar Nero. Elementari a Viareggio, primi anni di secondaria a Berlino, in una scuola russa. Traduce in italiano il *Taras Bul'ba* di Gogol'. A Parigi incontra Carlo Rosselli e Gaetano Salvemini. Libero docente all'università di Torino, rifiuta di giurare fedeltà al fascismo e viene espulso.

È Leone Ginzburg la prima anima della casa editrice Einaudi, è suo il ruolo propulsore che sarà di Cesare Pavese, Luciano Foà, Italo Calvino. Un lavoro interrotto dall'arresto per antifascismo e da due anni di carcere. Nel '40 è confinato a Pizzoli, in Abruzzo, dove lo segue la giovane moglie Natalia, che per il suo primo racconto sceglierà come pseudonimo il nome di un paese vicino, Tornimparte. Dopo la caduta del regime, Leone Ginzburg è a Roma. Nella capitale occupata, dirige come Leonida Gianturco «Italia libera», il giornale del Partito d'Azione. Il 20 novembre 1943 è sorpreso nella tipografia clandestina e portato a Regina

Coeli. Il 9 dicembre entra nel braccio controllato dai tedeschi. Dopo un mese di torture è trasferito, ormai incosciente, nell'infermeria del carcere, dove spira il 5 febbraio 1944. Ha scritto un suo amico di gioventù, Norberto Bobbio: «Leone Ginzburg è morto senza dire l'ultima parola, senza dire addio. Per questo non possiamo capire; né perdonare».

Mario Rufino era di Roma. Studente di economia, assegnato al 9° reggimento di fanteria della divisione Superga. L'8 settembre lo coglie in Francia, tenente nel battaglione mitragliere del I corpo d'armata. Catturato dai tedeschi e deportato in Polonia, fugge e torna in Italia. Si unisce alle formazioni di Giustizia e Libertà nel Cuneese, guidate da Dante Livio Bianco. Il 17 agosto 1944 si distingue nella battaglia che infuria attorno a Valdieri. Comandante della banda «Entracque», nome di battaglia Roberto, nell'ottobre 1944 porta i suoi uomini sul Monte Croce per sottrarsi ai rastrellamenti. Catturato il 26 novembre, con Franco Lavinj, dalla divisione Littorio. I due amici, consegnati ai brigatisti neri di Cuneo, sono portati in Val Vermenagna. Qui, tra Roccavione e Robilante, i fascisti gli sparano alle gambe. Poi li cospargono di benzina e li ardono vivi.

Si è spesso sostenuto che gli azionisti fossero elitari, velleitari, distanti dal popolo. Un po' antipatici. Lo stesso Giorgio Bocca, partigiano di Giustizia e Libertà, ha raccontato ne *Le mie montagne* come l'avvocato antifascista Duccio Galimberti non fosse simpatico ai ragazzi di Cuneo, quando passava tutto vestito di nero o giocava a tennis gridando «ready!», all'inglese, con la sua erre moscia. In guerra, Galimberti diventerà un punto di riferimento dei partigiani del basso Piemonte. Fu arrestato il 28 novembre 1944, in una base della Resistenza, nascosta in una panetteria. I tentativi di scambio con prigionieri tedeschi non riescono: Galimberti è una preda importante, per nessun motivo può essere liberato. Ridotto in fin di vita dalle sevizie, continua a tacere. Il mattino del 4 dicembre viene caricato su un camioncino e portato fuori città, dove è giustiziato con una raffica di mitra alla schiena. Ha scritto Bocca: «Duccio viene catturato a Torino, i fascisti di Cuneo se lo fanno consegnare, lo torturano e lo uccidono simulando una sua fuga. Un ragazzo che passa per il campo vicino a Centallo sente il comandante fascista gridare "sparate su quel bastardo". Lo lasciano lì per due giorni in un fosso».

I «ragazzi» torturatori di Salò

Si è data, in questi anni, un'immagine un po' assolutoria dei fascisti in armi. I «ragazzi di Salò», i balilla che pagarono il conto della storia, i romantici partiti a «cercar la bella morte», i «vinti» vittime della crudeltà dei vincitori.

Tutto questo non è del tutto infondato. Giudicare oggi, con gli strumenti di chi non è cresciuto sotto una dittatura, le decisioni di chi era nato e si era formato in un regime, e magari giovanissimo si trovava a compiere una scelta definitiva tra le due parti di un conflitto mondiale, può essere un esercizio ingeneroso. A volte quella decisione fatale dipendeva dalla famiglia, dagli insegnanti, o dal caso: abitare in un paese dove erano passati prima i partigiani, o prima i fascisti.

Però l'idea che le forze della Repubblica sociale, a cominciare dalle Brigate nere, siano estranee all'orrore nazista, quella sì è del tutto infondata. Purtroppo. C'erano voci italiane tra i massacratori di Sant'Anna di Stazzema: guide e informatori della Brigata nera di Massa Carrara, probabilmente anche Ss italiane. Sono Ss italiane, al comando del famigerato capitano Traverso e del tenente Allodi, i soldati che all'alba del 1° aprile 1944 irrompono in Balangero, provincia di Torino, minacciando di sterminare la popolazione se non saranno restituiti i camerati presi cinque giorni prima. I partigiani tramite il parroco si dichiarano pronti alla trattativa, ma avvertono che in caso di rappresaglia saranno i prigionieri a pagare. Non è chiaro se il messaggio non viene recapitato, o se il capitano Traverso non è davvero interessato alla vita dei suoi uomini. Fatto sta che, raggruppata la popolazione nella piazza, nove civili «sospetti sovversivi con provata simpatia per i banditi» vengono assassinati.

In Val Chisone la guerra partigiana inizia come una guerra convenzionale; Maggiorino Marcellin, «Bluter», restituisce il corpo di un Alpenjäger con un messaggio cavalleresco: «Agli alpini tedeschi da un alpino italiano»; ma quando vede che i suoi uomini vengono impiccati, anche lui comincia a non fare prigionieri. Vicino a Cumiana, trenta Ss sono catturate dai partigiani di Giulio Nicoletta. I nazisti prendono una sessantina di ostaggi tra i civili. Nicoletta è un moderato, avvia una trattativa, ma i tedeschi non aspettano, e massacrano tutti gli ostaggi. E al loro fianco ci sono uomini delle Brigate nere. Nessuno sarà mai processato. Pagherà per tutti il podestà di Cumiana, linciato in piazza il 25 aprile.

La X Mas viene spesso presentata come un reparto regolare, che avrebbe voluto combattere solo contro gli angloamericani e fu coinvolta nella guerra civile suo malgrado. Erede solo nel nome dell'unità speciale che aveva condotto brillanti azioni sottomarine contro gli inglesi, i cui ufficiali – a cominciare dall'eroe di Alessandria d'Egitto, Luigi Durand de la Penne – erano rimasti fedeli al re con l'eccezione di Junio Valerio Borghese e dei suoi accoliti, la Decima in più occasioni si comporterà con i civili come i tedeschi.

Ha scritto don Aristide Lavaggi, parroco di Miseglia, in una testimonianza custodita nell'archivio della cattedrale di Massa: «Il 24 agosto 1944 militari della Decima Flottiglia Mas provenienti da La Spezia incendiarono il paese di Guadine, uccisero tredici persone e ne ferirono altre. Poi ritornarono e incendiarono Gronda, Redicesi e Resceto. A Guadine i militi della Decima Flottiglia Mas avanzarono sparando all'impazzata; giunti in località Pozzo Scuro uccisero Pucci Domenico, che andava loro incontro verso Forno; qualche metro più avanti, sparando verso le selve, uccisero Novani Pietro, che era su un albero a tagliare un ramo; ai piedi dell'albero c'era la moglie Menichini Fidalma e il figlio di circa otto anni. La donna, vedendo cadere il marito, mandò un grido di dolore e di spavento che richiamò l'attenzione dei soldati, alcuni dei quali si recarono sul luogo e, mentre il bambino riuscì a fuggire, la madre fu uccisa accanto al marito. Lì vicino furono uccisi Menchini Nerito e

Faggioni Germana. Entrati nel paese, sempre sparando, uccisero altre otto persone, alcune sulla strada, altre sulla soglia di casa. Poi, dopo il massacro, il reparto dà fuoco alle case, distruggendo quasi totalmente il paese».

Ancora da La Spezia sale la X Mas a terrorizzare il paese di Forno di Massa. Il reparto comandato da Umberto Bertozzi affianca i tedeschi nella repressione che provoca 68 vittime. Tra loro c'è il comandante partigiano che ha occupato il paese, Marcello Garosi, «Tito». Ma la maggior parte sono civili. Bertozzi non si limita a fare da spalla ai tedeschi, vuole dimostrare di essere spietato come e più di loro. È lui che interroga i prigionieri e decide chi deve essere deportato e chi fucilato subito, davanti alla famiglia. È Bertozzi a condannare a morte il maresciallo dei carabinieri Ciro Siciliano, reo di non aver ostacolato i partigiani, e a trattare con disprezzo il parroco, don Vittorio Tonarelli, che avrà una medaglia d'argento al valor militare per il coraggio con cui resterà a fianco dei fedeli. Il reparto di Bertozzi funesta poi la Lunigiana e il Canavese, trasformandosi in una squadra di torturatori, che si diverte a incidere la X della Decima sui petti e sulle schiene di donne e uomini.

Giglio e Koch: il riscatto e l'abominio

Ci furono poi le bande dei torturatori di professione. La Repubblica sociale genera polizie e squadre armate prive di valore militare, dedite al saccheggio e alla violenza. Le necessità logistiche dei tedeschi e l'ideologia di Salò si servono della crudeltà irrazionale di questi individui, usano la loro follia sadica che spesso si accanisce su italiani che, dopo il lungo viaggio attraverso il fascismo, scelgono di battersi per la libertà. Esemplari sono le vite parallele di Maurizio Giglio e Pietro Koch.

Giglio è figlio di un dirigente dell'Ovra, la polizia politica di Mussolini. Koch è figlio di un tedesco, commerciante di vini. Ufficiale di complemento dei granatieri, nello stesso reggimento del principe Umberto, Pietro Koch si congeda nel 1939, alla vigilia della guerra. Vive di piccole truffe: fa ubriacare gli ingenui e li deruba. È un bel ragazzo, piace alle donne.

Dopo il 10 giugno 1940, Maurizio Giglio si arruola volontario. Combatte sul fronte greco, è decorato con una medaglia di bronzo al valor militare. Di fronte al disastro della guerra del Duce perde la fede nel fascismo.

Koch viene richiamato nel '43 e destinato in Sardegna, ma non lascerà mai il porto di Livorno; arriva prima l'8 settembre. Quel giorno Giglio è a Roma. Si mette alla testa dei suoi uomini e con altri militari e civili si batte contro i tedeschi a Porta San Paolo. A centinaia sono uccisi o deportati in Germania. Lui riesce a passare le linee e unirsi ai resti dell'esercito che al Sud tenta di riorganizzarsi. Gli americani dell'Office of Strategic Services gli offrono di tornare a Roma, come loro agente nella capitale, per informarli degli spostamenti delle truppe tedesche. Giglio accetta, nonostante il rischio di essere preso e giustiziato sia altissimo.

Anche Koch fa la sua scelta. È a Firenze, con la banda di torturatori guidati da Mario Carità, l'uomo che ha sparato il colpo alla nuca ai ragazzi del Campo di Marte. Poi l'allievo si mette in proprio, a Roma. Raccoglie un gruppo di criminali, cocainomani, collaborazionisti, spie. Nasce così il Reparto speciale di polizia: la banda Koch.

A Roma Giglio si arruola nella polizia. È un insospettabile: eroe di guerra, figlio di uno dei capi dell'Ovra. Comincia la sua doppia vita, in stretta collaborazione con Peter Tompkins, il capo dell'Oss a Roma. Crea una rete di informatori, sorveglia stazioni e strade, segnala i movimenti tedeschi verso i fronti di Cassino e Anzio, comunica le notizie con una radio nascosta su un barcone ancorato alle sponde del Tevere. A 23 anni è coinvolto in una partita per la vita e la morte, in una tensione crescente. Via radio segnala anche le azioni delle Ss e dei fascisti, come l'incursione del Reparto speciale di polizia in territorio vaticano, a caccia di ebrei e antifascisti nascosti in convento. Giglio tenta di documentare lo sconfinamento con una piccola macchina fotografica, ma è sorpreso dal comandante del reparto: il tenente Pietro Koch.

Nella pensione requisita e trasformata in carcere, Koch sottopone i suoi prigionieri a scosse elettriche, li ustiona con l'acqua bollente, li tormenta con manici di scopa, spezza loro le ossa a colpi di bastone e manganello. Ha poco più di 25 anni ma è un uomo di potere, è consultato dai generali nazisti e dal ministro dell'Interno, il suo nome ispira terrore. Giglio teme di essere stato scoperto, e in effetti Koch sospetta del collega poliziotto. Gli sta dietro. Lo arresta mentre trasmette le informazioni via radio agli americani.

Maurizio Giglio conosce tutto il repertorio degli orrori che la banda Koch usa per ferire il corpo e degradare il morale. La doccia bollente, lo «schiaffo scientifico», la «capriola» – la vittima viene lanciata contro il muro –, la «corsa» tra due file di poliziotti che colpiscono, la fustigazione con fruste di cuoio, l'isolamento nel «buco» – una celletta alta un metro e venti –, la sospensione con le corde, le finte esecuzioni. Giglio urla di dolore, ma non fa i nomi dei compagni, non denuncia il capo dell'Oss di Roma. Con lui Koch non l'avrà vinta. La morte alle Ardeatine verrà come una liberazione.

Tra il gennaio e il marzo '44 la banda, di cui fanno parte anche un monaco, padre Ildefonso al secolo Epaminonda Troya, e donne come Alba Cimini, Marcella Stopponi e Daisy Marchi, soubrette amante di Koch, riesce a decimare le file degli antifascisti romani. Tra i catturati ci sono ventitré esponenti del Partito d'Azione: ventuno saranno fucilati alle Ardeatine. Cade nella rete anche Luchino Visconti, il regista. Il 28 aprile, in un'azione contro i gappisti, la banda uccide due passanti, un ragazzo, Luigi Mortelliti, e una donna, Maria Di Salvo. A maggio viene assassinato dagli uomini di Koch l'intellettuale socialista Eugenio Colorni. Le Ss di Kappler li usano per azioni in territorio vaticano, in modo da aggirare le complicazioni diplomatiche con la Santa Sede. Dopo via Rasella, Koch è anche incaricato di mettere insieme i condannati a morte per la rappresaglia.

Dopo la liberazione di Roma, si sposta a Milano, a Villa Fossati, circondata da filo spinato, riflettori, sirene. Si uniscono alla banda il conte Guido Stampa, altre donne – Lina Zini, Camilla Giorgiatti – e l'attore Osvaldo Valenti, uomo di collegamento con il principe Borghese, comandante della X Mas. Tra i compiti di Koch c'è anche verificare la fedeltà al Duce dei gerarchi di Salò, tentati dal doppio gioco con alleati e partigiani. Si indaga su fascisti intransigenti come Roberto Farinacci e su moderati come il direttore della «Stampa» Concetto Pettinato. Il gruppo dirigente della Rsi si sente minacciato e ottiene da Mussolini il via libera per sciogliere la banda. Anche agli occhi del comando tedesco Koch ha passato il segno; solo Kappler ancora lo difende, ma invano.

Il 25 settembre 1944 la Legione Ettore Muti con i poliziotti della Milizia assalta Villa Fossati, compie cinquanta arresti e sequestra il loro bottino. Koch finisce a San Vittore. Evaso con l'aiuto dei nazisti, fugge a Firenze dove sarà arrestato il 1° giugno 1945. Condannato a morte, verrà fucilato a Roma, al Forte Bravetta, il 5 giugno. Luchino Visconti filmerà l'esecuzione. Alcuni componenti della banda saranno uccisi nei giorni della liberazione. Gli altri, condannati a pene detentive, torneranno in libertà nei primi anni Cinquanta, compreso padre Ildefonso.

La Legione Ettore Muti, che ha messo fine alla banda Koch, ha invece il suo comando in via Rovello, nei locali del dopolavoro del comune di Milano. Qui ci sono fureria, armeria, autorimessa, camere di tortura, camera della morte. Ha scritto Giorgio Strehler, ricordando il giorno in cui con Paolo Grassi prese possesso di quel luogo per farne il Piccolo Teatro: «Quando Paolo e io lo scoprimmo, questo teatro era abbandonato, era pieno di buio e dentro c'era stato l'orrore. Abbiamo trovato, una mattina che era piena di sole, tracce di sangue sui muri. I camerini erano state celle di tortura durante la Resistenza, erano serviti per rinchiudere il dolore dell'uomo, la rivolta di chi si rifiuta all'orrore e alla sopraffazione».

Il «maestro» di Koch era stato Mario Carità, fin dal 17 settembre '43 capo dell'ufficio politico investigativo della 92° legione della Milizia volontaria sicurezza nazionale. Indicato all'anagrafe con il nome della madre e come «figlio di padre ignoto», cresciuto a Lodi, nel 1920 è già tra gli squadristi. Spara su un comizio, commette il primo omicidio, con altri camerati ricatta i negozianti milanesi e riscuote tangenti. Quando il partito decide di porre un freno a violenza e corruzione, è costretto a trasferirsi a Firenze. Piazzista, elettricista in un negozio di radio, licenziato dal proprietario perché ruba. Apre una sua attività, fallisce, trasforma il retrobottega in una bisca e in una camera a ore per coppie in incognito. Denuncia alla federazione chi gli confida di ascoltare Radio Londra. Con la guerra scopre una nuova fonte di reddito: fare i nomi dei sospetti di antifascismo. Diventa agente provocatore e spia.

La banda Carità si chiama ufficialmente «Reparto dei servizi speciali». Delinquenti comuni, ladri, rapinatori, sadici, che con l'adesione alla Repubblica sociale si garantiscono l'impunità. Nel 1945 su «Oggi» una delle sue vittime, Augusto Dauphiné, ne scrive questo sinistro ritratto: «Vestiva in borghese, ma a guisa sportiva: camicia alla Robespierre e calzoncini corti. Sui capelli, nerissimi, spiccava una candida ciocca in mezzo alla fronte, rivelatrice di anomalie del sistema nervoso; questa fronte era bassa, il grugno suino. Notai subito la bocca sensuale, carnosa, sul viso floscio e giallastro, lo sguardo collerico, i pugni che stringeva continuamente parlando. Il viso, di una asimmetria sconcertante, gli orecchi callosi, piccoli, accartocciati, il mento prominente dalle favolose mascelle che avrebbero fatto fare a Lombroso salti di gioia, e anch'io, per quanto estraneo agli studi di medicina legale e sebbene distratto da altre meditazioni, non seppi trattenermi dall'ammirare quello splendido campione di delinquente. "Vi avverto – disse Carità entrando subito nel vivo – che vi sono due soluzioni per voi: o la fucilazione alla schiena o la deportazione in Germania. Se direte tutto, vi do la mia parola di vecchio soldato che mi limiterò a farvi deportare in Germania"».

Il 14 ottobre 1943 gli si presenta l'occasione di dimostrare il proprio valore guidando l'attacco contro una delle prime bande partigiane, sul Monte Morello, ma deve battere in ritirata. Quel giorno muore in combattimento Giovanni Checcucci, capo del gruppo di partigiani sorpreso a riposarsi nella cappella di Ceppeto: si sacrifica tentando una sortita disperata, che consente ai compagni di mettersi in salvo. La Resistenza fiorentina ha il primo caduto.

Ma gli scontri in campo aperto non si addicono a Mario Carità. La sua è una banda di spie e torturatori, con una certa autonomia anche dalle autorità tedesche, che lasciano volentieri ai fascisti le bassezze necessarie all'occupazione. La prima sede è una casa requisita a una famiglia di ebrei, poi la banda si stabilisce a Villa Malatesta, in via Ugo Foscolo. Ha a disposizione camere all'hotel Savoia e all'Excelsior. Dal gennaio 1944 la sua sede principale sarà il villino di via Bolognese: «Villa Triste». I sotterranei sono adibiti a prigione e camera di tortura: bastonate sotto la pianta dei piedi, al costato, alle rotule; soffocamenti con l'acqua. Anche due monaci benedettini si affiancano alla banda: padre Ildefonso, che poi sarà a Roma al fianco di Koch, e don Gregorio Boccolini, cappellano delle Ss e fanatico propagandista del nazifascismo. Anche il tenente Giovanni Castaldelli è un ex prete. Entrano in azione la «squadra degli assassini», comandata da Erno Manente; la «squadra della labbrata», guidata dal tenente Mario Perotto, di cui fa parte Arrigo Masi, «Ghigo Masino», attore comico molto noto in città; e i «quattro santi», ovvero Natale Cardini, Valerio Menichetti, Luciano Sestini e Arnolfo Natali.

Carità scrive a Mussolini, si offre di tenere sotto controllo i gerarchi: «Le fucilazioni non debbono essere fatte solo tra le classi proletarie, le fucilazioni debbono essere fatte soprattutto nella categoria dei dirigenti militari, politici e aristocratici». Il Duce approva, la banda indagherà tra l'altro sulla fedeltà del prefetto di Vicenza Linari.

In Toscana il colpo di arrestare il vertice del Comitato di liberazione nazionale, quello che a Torino è comandato dal generale Perotti, riesce proprio alla banda Carità, grazie a una spia che, dopo aver ingannato il tenente colonnello Guido Frassineti, organizzatore del comando, ha consentito di sorprendere tutti i suoi componenti in una casa di via Masaccio. Si salvano solo il liberale Aldobrando Medici Tornaquinci, che non è andato alla riunione, e il comunista Alessandro Senigaglia, che sfugge alla cattura (sarà ucciso nel febbraio '44). Anche il Cln di Firenze era composto da ufficiali e dal meglio della borghesia cittadina. Con Frassineti vengono arrestati il generale Salvino Gritti, il colonnello Leonardo Mastropierro, il giudice Paolo Barile che è stato anche ferito, il capitano Vasco Baratti, il professor Raffaello Ramat e l'avvocato Adone Zoli con i figli Angiolo e Giancarlo.

All'inizio del luglio 1944, prima che arrivino gli Alleati, Carità si trasferisce a Padova, dove affina le sue tecniche di tortura. Comincia a usare le scariche elettriche. Il 7 gennaio 1945 riesce a catturare anche il comando del Cln veneto. Finiscono in carcere tra gli altri il colonnello Marziano, il maggiore Marangolo, il commissario di polizia Follieri.

Il 25 aprile Carità riesce a dileguarsi. Un mese dopo gli americani lo sorprendono nella stanza di una pensione all'Alpe di Siusi (secondo altre fonti, in una casa di contadini). Carità è a letto con la sua donna, Emilia Chiani, che resterà ferita. Forse è lui stesso a spararle, per disfarsi di un testimone a suo carico. Poi uccide un soldato americano. Una raffica di mitra mette fine alla sua vita.

Sapevano degli ebrei

Una giustificazione ricorrente accampata da e per i ragazzi di Salò è: non sapevamo, non sapevano di Auschwitz, della persecuzione e dello sterminio degli ebrei. Ma nel 1944 era evidente a chiunque che consegnare gli ebrei ai tedeschi significava condannarli a morte. Eppure militari e polizia della Rsi si impegnarono con zelo nella cattura di famiglie, anziani, donne, bambini. Salò creò una macchina di sinistra efficienza a supporto della Shoah.

Già il 15 e il 16 settembre 1943 i nazisti arrestano e deportano ventidue ebrei di Merano, e negli stessi giorni rapinano e uccidono quasi cinquanta ebrei sulla sponda piemontese del lago Maggiore, a Meina, Baveno, Arona. Il 23 settembre la Rsha, la centrale di polizia tedesca che gestisce la politica antiebraica, comunica che gli ebrei italiani sono immediatamente assoggettabili alle misure in vigore per gli altri ebrei europei: davvero gli italiani non sono nelle condizioni di comprendere cosa significhi questo annuncio? In ogni caso, quanto sta per accadere toglie ogni dubbio a chi ancora non ha capito o non sa.

Il 16 ottobre 1943 i nazisti fanno irruzione nel ghetto di Roma. È sabato, giorno di riposo e di festa. Gli ebrei romani hanno già pagato il riscatto in oro chiesto da Kappler, qualcuno si sente tranquillo, altri presagiscono che la tragedia deve ancora cominciare. Vengono rastrellati 1259 ebrei. Due giorni dopo, in 1023 sono deportati ad Auschwitz, tra cui circa duecento bambini: uno è nato dopo l'arresto della madre. Torneranno in diciassette. Nessun bambino sopravviverà.

La Repubblica di Salò approva e appoggia la persecuzione. Mentre al Sud il governo abolisce le leggi razziali, la Carta di Verona del 14 novembre, manifesto politico della Rsi, stabilisce al capitolo 7 che «tutti i membri della razza ebraica sono stranieri e parte di una nazione nemica». L'ordine di polizia numero 5, datato 30 novembre 1943 e trasmesso il giorno dopo alla radio, annuncia che ogni ebreo sarà destinato ai campi di concentramento, tranne i malati e gli ultrasettantenni. Tutte le proprietà ebraiche nella Repubblica di Salò saranno sequestrate e assegnate alle vittime dei bombardamenti alleati; destinazione su cui è lecito dubitare. La legge del 4 gennaio 1944 trasforma i sequestri in confische. Comincia una gigantesca rapina. I decreti di confisca saranno ottomila: la Rsi si appropria di terreni, case, aziende, titoli, mobili, gioielli, merci di famiglie ebraiche per oltre due miliardi di lire dell'epoca.

Già il 1° dicembre le autorità italiane cominciano ad arrestare gli ebrei e a internarli in campi provinciali. A fine anno si iniziano i trasferimenti a Fossoli, nel comune di Carpi. Si scatena una macabra competizione tra la banda Carità, la banda Koch, la Legione Muti, la Guardia nazionale repubblicana, le Brigate nere, le Ss italiane; ma a volte sono complici dei nazisti anche polizia e carabinieri. Scrive Renzo De Felice che alcune prefetture e comandi ci mettono «uno zelo veramente incredibile, fatto al tempo stesso di fanatismo, di sete di violenza, di rapacità». Un'altra storica, Liliana Picciotto Fargion, dimostra attraverso le circolari inviate dai nazisti che tra i due ministeri degli Interni ci fosse una suddivisione di compiti: agli italiani le ricerche casa per casa, gli arresti, la traduzione nei campi di transito; ai tedeschi la deportazione in campo di sterminio. E il destino degli ebrei nei lager è noto a Mussolini almeno dal febbraio '43, quando ha ricevuto un rapporto segreto di Ciano sulle «esecuzioni in massa degli ebrei».

I 4210 deportati dopo l'ordine numero 5 sono stati arrestati quasi tutti dagli italiani. E il Duce non si ferma: il 15 marzo '44 istituisce l'Ufficio per la razza, alle dirette dipendenze della presidenza del Consiglio, e lo affida a Giovanni Preziosi, razzista fanatico secondo cui «il primo compito della Repubblica è eliminare gli ebrei». Preziosi fa un punto d'onore di mandare in campo di concentramento pure i cittadini «di origine mista» e di confiscare anche i beni degli ebrei «arianizzati». Luoghi di atroci sofferenze sono i campi di Bolzano-Gries, dove si tortura e si uccide, e la Risiera di San Sabba, fuori Trieste, dove arde il forno crematorio. Da qui gli ebrei italiani vengono indirizzati a morte sicura, come accade anche ai 1805 ebrei di Rodi e di Kos. Oltre duecento sono catturati e giustiziati sommariamente dalle Ss e dalla milizia fascista, tra cui i 77 ebrei fucilati alle Ardeatine. Secondo le stime della Picciotto Fargion (*Libro della memoria*, Mursia), alla fine gli arrestati e deportati saranno 6087, di cui 5791 non faranno più ritorno: il 20 per cento degli ebrei italiani. Cui vanno aggiunti i 322 arrestati e morti nel nostro paese, i 451 arrestati e sopravvissuti, e i 950 dispersi mai identificati.

Volenterosi carnefici di Hitler anche tra noi, quindi. Molti di più, però, saranno gli italiani che si prodigheranno per salvare gli ebrei: civili che li nascondono in casa, religiosi che aprono chiese e conventi, partigiani che li portano in Svizzera.

Ma la storia degli ebrei italiani della seconda guerra mondiale è fatta anche di combattenti, che testimoniano l'amor di patria e la volontà di sacrificarsi per la rinascita dell'Italia. In duemila partecipano attivamente alla Resistenza. Tra loro ci sono uomini come Primo Levi, Carlo Levi, Vittorio Foa, Emilio ed Enzo Sereni, Umberto Terracini, Leo Valiani. Cento ebrei cadono in combattimento o sono uccisi dopo l'arresto. Tra loro il torinese Emanuele Artom, il milanese Eugenio Colorni, Leone Ginzburg. E poi il bolognese Franco Cesana, il più giovane partigiano d'Italia, i triestini Eugenio Curiel e Rita Rosani, il toscano Eugenio Calò, gli emiliani Mario Jacchia e Mario Finzi.

Le stragi del 25 aprile

Fascisti e nazisti continuano a uccidere sino all'ultimo. Il 25 aprile è solo una data simbolica. Simboliche furono probabilmente anche le insurrezioni dichiarate dal Cln quando i tedeschi e i loro ausiliari stavano trattando rese separate o preparando la fuga. Ma la violenza e il dolore non finiscono d'un tratto.

Proprio il 25 aprile un gruppo di militi fascisti in fuga verso la Francia si ferma a Cuneo per prelevare sei ebrei stranieri, li uccide e getta i loro corpi sotto un ponte. Il 26 aprile 1945 la divisione tedesca Brandenburg, passando per Narzole, al limitare delle Langhe, incendia le case e massacra sessantasei persone, tra cui donne, vecchi e bambini. Il 29 aprile a Castello di Godego (Trieste) reparti Ss saccheggiano il paese e uccidono con sventagliate di mitra ottanta abitanti; il 29 e 30 aprile a Santhià (Vercelli) un reparto Ss cattura e trucida cinquantadue paesani. In quella stessa notte tra il 29 e il 30, mentre a Grugliasco, alle porte di Torino, si festeggia come in tutto il Nord la liberazione, l'avanguardia della colonna motorizzata del generale Schlemmer incendia le case e uccide sessantasette persone; tra loro ci sono il segretario comunale e l'usciere del municipio. In ritirata dalla Liguria, la colonna Schlemmer ha già seminato il terrore sul suo percorso, e soltanto in Piemonte farà almeno trecento vittime, tra cui 128 civili.

Il 2 maggio vengono trucidati da truppe tedesche e Brigate nere 83 contadini, tra cui nove donne, e il parroco di Pedescala Valdastico (Vicenza). Ancora il 2 maggio 250 Ss, debellate le difese partigiane cui alcune fonti attribuiscono i primi colpi, aprono il fuoco sugli abitanti di Avasinis, sul confine orientale: cadono 51 civili. La strage viene interrotta a mezzogiorno da un ufficiale tedesco, che i superstiti ricordano apparire all'improvviso su un cavallo bianco. Alcuni nazisti si sono procurati abiti civili e si danno alla macchia. Nelle stesse ore a Ovaro i cosacchi in ritirata, respinto un attacco, accerchiano il paese e uccidono decine di partigiani, tra cui otto georgiani che si sono uniti alla Resistenza, e ventidue civili compreso il parroco, don Cortiula. Nei giorni successivi i partigiani si vendicano su nazisti e cosacchi sbandati.

Su queste stragi finali la discussione è aperta. Alcune furono gli ultimi fuochi di un esercito feroce e sconfitto, altre rappresaglie contro gli attacchi dei partigiani. E, in effetti, sparare sui soldati in ritirata era spesso inutile militarmente ed esponeva i civili a gravi rischi. Ciò non toglie che la responsabilità dei massacri di donne e bambini ricada innanzitutto su chi li ha commessi. In ogni caso, non è difficile intuire quanto fossero esasperati gli animi di coloro che vedevano finalmente passare la bufera, ma dovevano sopportare indifesi gli ultimi colpi di coda del nazifascismo morente.

Pansa e il cuoco di Salò

Poi arrivò la vendetta. Il «sangue dei vinti». E, sessant'anni dopo, lo straordinario successo dei libri in cui Giampaolo Pansa racconta le uccisioni seguite al 25 aprile. Si tratta di libri di sicura attendibilità, visto che l'autore non è soltanto uno dei più importanti giornalisti ma è – come mi ha detto uno dei suoi critici – «l'italiano che sa più cose sulla guerra civile». Né è sostenibile la critica di chi dice: sono cose che si sapevano già. Certo. Anche le cose scritte in questo capitolo si sapevano già. Ma chi le ricorda tra gli anziani, a parte quelli che le hanno vissute? Chi le conosce tra i giovani? Chi, anche tra gli studenti dei licei e delle università, padroneggia davvero vicende anche più note di quelle che ho raccontato, a cominciare dalla più atroce strage nazifascista, Marzabotto? Il problema non è che escano libri come quelli di Pansa, e che vendano. Il problema è che gli italiani faticano a inquadrare le vicende raccontate da Pansa nel loro contesto, perché molti non sanno e non sono interessati a sapere cos'è accaduto prima. E la memoria della Resistenza è familiare e locale più che nazionale, non appartiene al patrimonio del paese nel suo complesso, è frammentata, legata ai campanili, ai territori di provincia, alle valli alpine.

Sconosciuto 1945, il libro che segue *Il sangue dei vinti*, si apre con il racconto di Franca Solaro, la figlia del federale impiccato all'albero dov'era stato appeso Ignazio Vian. È un racconto drammatico, a tratti struggente, di una donna che al tempo era una bambina ed ebbe il suo papà ucciso. Ma è impossibile non inquadrare la morte di Solaro nel contesto della guerra civile e delle sue efferatezze, le sevizie, le esecuzioni sommarie, e anche la fucilazione di eroi oggi sconosciuti come il generale Perotti.

L'Italia usciva da vent'anni di un regime cominciato e proseguito a bastonate, che in alcune regioni e città si era imposto nel sangue, e da venti mesi di guerra civile. Non sono tragedie che si concludono in un giorno, magari il simbolico 25 aprile, senza strascichi né conseguenze. Sarà il leader comunista Togliatti a volere un'amnistia che a molti democristiani – compreso Andreotti – sembrerà sin troppo generosa, visto che salverà persino i torturatori, punendo solo le torture «efferate e continuate». Nei tribunali che mandarono liberi i criminali si arrivò a sostenere che strappare unghie, denti e testicoli non fossero torture continuate, ma «limitate nel tempo».

Ci furono esecuzioni che ancora adesso appaiono inevitabili, forse persino giuste. Ci furono vendette che alla sensibilità di oggi sembrano odiose ma che al tempo poterono apparire giustificate. Ci furono crimini inammissibili, regolamenti di conti privati, rapine e violenze commesse da banditi, a volte annidati dentro le formazioni partigiane. E ci furono anche, soprattutto nel «triangolo della morte» emiliano, esecuzioni mirate, politiche, volute da un Partito comunista locale che progettava la rivoluzione e cominciava eliminando «borghesi» e sacerdoti ostili.

Tutto questo va raccontato e denunciato con forza. Nell'interesse di chi ha combattuto la guerra di liberazione in modo disinteressato e coraggioso, per la salvezza personale e comune, per costruire un paese in cui i loro figli e nipoti, cioè noi, potessimo vivere in pace, democrazia e prosperità.

Ecco un altro punto controverso. I comunisti. Garibaldini e gappisti pagarono sì un alto prezzo di sangue, ma – nella vulgata corrente – non si battevano per un'Italia libera, bensì per un paese plumbeo come l'Unione Sovietica di Stalin.

Si tratta di un'obiezione capziosa. Perfetta per la polemica politica di oggi. Priva di senso quando c'era da difendere la patria e la dignità nella notte nazifascista. Tant'è che anticomunisti di ferro rischiarono la vita per salvare comunisti, e viceversa. Quando il generale Perotti invita gli ufficiali ad alzarsi in piedi, si alza anche l'operaio comunista Eusebio Giambone, tornitore, compagno di Gramsci nell'Ordine Nuovo; e anche lui si unisce al grido di «Viva l'Italia!». Dante Di Nanni, il gappista che tiene in scacco per ore i fascisti e prima di gettarsi nel vuoto saluta con il pugno chiuso, aveva 21 anni. Immigrato dalla Puglia, operaio, studente nelle scuole serali, aveva combattuto come volontario nell'aeronautica. Voleva fare la rivoluzione bolscevica? Forse l'avrebbe fatta volentieri, forse no. Di sicuro combatteva i nazisti e seppe affrontare la fine con eroismo. Morì, lui pure, gridando «Viva l'Italia!». Che bisogno c'è di vivisezionare le sue ultime parole, di chiedersi quali secondi fini celassero? Sono così limpide, e chiare.

La guerra di liberazione non fu, per la grande maggioranza di coloro che combatterono per la libertà, una guerra ideologica. Infatti vi presero parte uomini e donne di ogni estrazione sociale, di ogni fede politica. Il comandante, troppo spesso dimenticato, era Raffaele Cadorna, figlio del capo dell'esercito italiano nella Grande Guerra, nipote e omonimo del generale che prese Roma. Nel martirologio della Resistenza ci sono i nomi di preti, nobili, militari, contadini, studenti, e certo anche militanti politici. Il loro sacrificio dovrebbe essere sentito come un patrimonio dell'intera nazione, non di una parte.

Certo che la popolazione civile avrebbe volentieri fatto a meno di schierarsi. I contadini in particolare si vedevano le cascine invase e le provviste requisite dai diversi reparti degli eserciti e delle bande in lotta. Molti non amavano né gli uni né le altre. Sono decenni che raccolgo i racconti dei contadini delle Langhe, e so bene quanti innocenti pagarono con la vita il timore delle spie (che pure esistevano). Mio nonno, lo stesso che ascoltava le lezioni di Luigi Einaudi, tentò di salvare un suo aiutante scambiato per delatore e massacrato di botte. Diede il suo dolcetto migliore ai partigiani che ospitava per la notte, e consigliò al giovane di scappare. Lui non lo ascoltò. Il mattino dopo fu portato nei boschi e fucilato. Ad Alba, città medaglia d'oro della Resistenza, i partigiani non sono mai stati considerati cavalieri senza macchia, né santi. Eppure la grande maggioranza dei langaroli, a cominciare dal vescovo e dai sacerdoti, non ha mai avuto dubbi su quale fosse la parte giusta; perché era la parte dei loro figli e nipoti che fuggivano la leva di Salò e i nazisti. Quando i partigiani liberano Alba, sono accolti dallo scampanio festante di tutte le chiese; e, scrisse Fenoglio, «sembrò che sulla città piovesse scheggioni di bronzo». Quando, dopo ventitré giorni, i fascisti tornarono, «andarono personalmente a suonarsi le campane».

Ripristinare queste verità dimenticate non deve impedirci di ricordarne altre. Non tutti i comunisti si comportarono come Eusebio Giambone e Dante Di Nanni. E non tutti i fascisti si comportarono come coloro che uccidevano e tormentavano i civili.

Molti di loro morirono con lo stesso grido del generale Perotti. E molti amavano davvero l'Italia. Possano la nostra pietà e la nostra intelligenza discernere tra chi disonorò il nome del nostro paese e chi in buona fede credette di servirlo. Certo, giudicare un uomo non per le conseguenze delle sue scelte, ma solo per le sue intenzioni, richiede una generosità che andrebbe ricercata in altri libri. Il massimo grado di generosità mi pare quello che ha ispirato una delle più belle canzoni di Francesco De Gregori, *Il cuoco di Salò*, che Franco Battiato ha arrangiato inserendo quasi uno squillo di tromba risorgimentale. Una canzone in cui l'alternativa di Garibaldi – «Qui si fa l'Italia o si muore» – diventa un'endiadi: si credeva di fare l'Italia, e intanto si dava, e si riceveva, la morte.

Alla sera vedo donne bellissime
da Venezia arrivare fin qua
e salire le scale e frusciare
come mazzi di rose
Il profumo rimane nell'aria
quando la porta si chiude
e allora le immagino nude ad aspettare
sono attrici scappate da Roma
o cantanti non ancora famose
che si fermano per una notte
o per una stagione
al mattino non hanno pudore
quando scendono per colazione
puoi sentirle cantare

Se quest'acqua di lago fosse acqua di mare
quanti pesci potrei cucinare stasera
anche un cuoco può essere utile in una bufera
anche in mezzo a un naufragio si deve mangiare

Che qui si fa l'Italia e si muore
dalla parte sbagliata
in una grande giornata si muore
in una bella giornata di sole
dalla parte sbagliata si muore

E alla sera da dietro a quei monti
si sentono colpi non troppo lontani
c'è chi dice che sono banditi
e chi dice americani
io mi chiedo che faccia faranno
a trovarmi in cucina
e se vorranno qualcosa per cena

Se quest'acqua di lago potesse ascoltare
quante storie potrei raccontare stasera
quindicenni sbranati dalla primavera
scarpe rotte che pure gli tocca di andare

Che qui si fa l'Italia e si muore
dalla parte sbagliata
in una grande giornata si muore
in una bella giornata di sole
dalla parte sbagliata si muore
in una grande giornata si muore
dalla parte sbagliata
in una bella giornata di sole
qui si fa l'Italia e si muore.

V

Né Lega né Belpaese

Il futuro della nazione

A 150 anni dalla sua nascita, per la prima volta la nazione è minacciata dall'interno. In passato il pericolo arrivava dagli eserciti stranieri: nel 1866 dopo Custoza il generale La Marmora temeva di dover ripiegare dietro il Po abbandonando la Lombardia, nel 1917 dopo Caporetto il generale Cadorna giudicava indifendibile la pianura veneta. Nel 1943 l'Italia invasa e liberata divenne il campo di battaglia di due eserciti. Mai però l'unità era stata messa in discussione dagli italiani stessi. Persino nell'ora più buia della guerra civile, entrambe le fazioni si consideravano – chi a ragione chi a torto – la vera Italia; e non si riproponevano di dividerla, ma di riunificarla.

All'inizio degli anni Novanta, insieme con la Prima Repubblica, crollarono i partiti del dopoguerra. Gli ex comunisti, sconfitti dalla storia in tutto il mondo, si illusero di potersi prendere la rivincita in Italia: si sbagliavano, o almeno non seppero rinnovare davvero il loro partito, aprendolo alla società civile, in modo da renderlo credibile. Poi si allearono con i cattolici di sinistra, si ripararono dietro figure non compromesse come Ciampi, Prodi, Amato, e riuscirono a governare per buona parte del decennio. Ma quando hanno giocato la partita in prima persona con i loro uomini migliori, D'Alema e poi Veltroni, non sono riusciti a parlare al paese, in particolare al Nord, e sono stati travolti.

Il vuoto aperto sopra il Po dal crollo della Dc e del Psi e dalla mancanza di credibilità della sinistra ex comunista fu riempito dalla Lega. Un movimento dalle solide radici popolari, guidato da dirigenti nuovi alla politica, che fin dal nome e dai simboli evocava un passato di lotta all'oppressione centralista e di autonomie municipali. In un primo tempo parve che la Lega potesse essere svuotata dall'arrivo di un imprenditore che già controllava i due pilastri della vita pubblica italiana, la televisione e il calcio. Invece il movimento di Umberto Bossi ha retto l'urto di Berlusconi, è divenuto il primo partito in Veneto e il secondo in Lombardia, si è radicato in Emilia e in Toscana, e si candida a crescere ancora quando Berlusconi non ci sarà più.

La Lega ha cavalcato diverse parole d'ordine, ha usato i segni più svariati, ha perseguito strategie altalenanti. La fase «celtica» del dio Po ha lasciato spazio alla sintonia con la parte più conservatrice della Chiesa italiana. L'orizzonte della secessione è stato sostituito da quello del federalismo fiscale. Del resto, i secessionisti e gli autonomisti sono sempre i ricchi: in Spagna, i Paesi Baschi e la Catalogna; in Italia, la Lombardia e il Nordest. Il federalismo potrà innescare meccanismi virtuosi, avvicinare il cittadino alle amministrazioni che spendono i denari delle sue tasse, rendere più facili i controlli e più difficile l'evasione, vero scandalo italiano. Ma il federalismo, se attuato seriamente, ha un prezzo. E questo prezzo sarà pagato dalle regioni del Sud. Già ora in Sicilia, Campania, soprattutto Calabria, i piccoli ospedali chiudono, si muore di malasanità, accade che bambini non sopravvivano a operazioni di routine e madri muoiano di parto. Certo, ci sono sprechi da tagliare, ruberie da impedire. Ma ci sono zone d'Italia che hanno un sistema economico da paese in via di sviluppo e aspettative di servizi europei. Il disagio e la frustrazione aumenteranno. La disunità d'Italia, che oggi è già nei redditi e nelle opportunità, diventerà ancora più evidente.

Ma la Lega non si fermerà qui. Non è difficile prevedere che, se e quando avrà realizzato l'obiettivo del federalismo fiscale, se e quando sarà tornata all'opposizione, la Lega recupererà la parola d'ordine delle origini: secessione. L'erede di Umberto Bossi, da lui indicato nel figlio Renzo, non sarà necessariamente più saggio di lui, anzi. Probabilmente la famiglia Bossi non riuscirà a dividere l'Italia in termini giuridici, e la Padania continuerà a giocare i Mondiali delle «nazioni senza patria», e non quelli veri. Ma la secessione potrebbe essere nei fatti, potrebbe riguardare le imprese, le università, gli ospedali, già oggi di livello così diverso tra Nord e Sud. E questo paradossalmente avviene in un paese che non è mai stato così unito come oggi per linguaggio, cultura, stile di vita, omologato dalla tv e da una palese egemonia mediterranea nel gergo, nei comportamenti, nella mentalità, nel familismo, nella diffidenza verso lo Stato.

Lungi dall'essere un partito del Nord, legato al codice anglosassone delle regole e del merito, la Lega è il più mediterraneo dei partiti, governato dalla legge dell'amicizia e del rapporto personale con il capo. È l'espressione dell'Italia eterna dei campanili, dei clan, delle fazioni, delle corporazioni: quella che chiamo «l'Italia de noantri». La Lega è la risposta sbagliata, non all'altezza delle sfide della modernità, a una domanda giusta: la protesta contro uno Stato oppressivo e inefficiente, la rivendicazione di una specificità economica e culturale, il rifiuto di una globalizzazione senza regole e di un'immigrazione senza controlli.

La Lega interpreta paure autentiche e legittime, e ne fa materia di propaganda. Parla il linguaggio dei bar, e ne fa linguaggio pubblico. Chiama i neri «bingobongo» in un paese che non riuscendo a fermare i clandestini preferisce offenderli, invoca la castrazione per i pedofili in un sistema giudiziario che non riesce a rendere certe le pene già previste dalle leggi in vigore, fa passeggiare i maiali sui terreni dove dovrebbero sorgere moschee indispensabili per dare dignità agli islamici, e pure per controllarli. Vellica gli istinti degli italiani, rinfocola le insofferenze verso gli altri, chiunque siano: categorie professionali, stranieri, meridionali.

La Lega ha certo anche dei meriti. Ha portato in politica persone uscite da ceti e ambienti che non l'avevano mai fatta. Ha pescato nelle classi popolari, come la sinistra non sa più fare. Ha avviato il ricambio generazionale, eleggendo due «governatori» di quarant'anni come Roberto Cota in Piemonte e Luca Zaia in Veneto: il presidente di regione più popolare d'Italia. In un primo tempo, il Carroccio è stato raccontato dai giornali come un gruppo di buzzurri senza futuro: grave errore. Ma ora si esagera al contrario, nel descriverlo come perfetta macchina da guerra, ricettacolo di sapienza, sorgente di virtù. Così i «barbari» sono diventati i vendicatori dei popoli del Nord, e Calderoli da caso umano con l'orso in cucina e i lupi in giardino è divenuto un sottile giurista. La verità è che la Lega a volte ha spazzato via vecchie logiche; ma a volte se n'è impadronita. Dove ha preso il potere, lo gestisce spesso in modo familista. Assume parenti. Rivendica il controllo delle banche. Talora fa sfoggio di autoblù, anche per andare in vacanza. Non vuole abolire le province né privatizzare le municipalizzate, perché servono a dispensare altri posti e altro potere.

La Lega ha torto anche quando pretende di costruire il federalismo su base regionale. Perché l'identità locale degli italiani non è definita dalla regione. Tranne le isole, si può dire anzi che le regioni non esistono. Il Veneto è molto più grande dei confini della regione che ne porta il nome, come la Campania, che fa sentire la sua influenza sino a Terracina nel Lazio, a Potenza in Basilicata, a Foggia in Puglia, a Cosenza in Calabria. In Toscana i pisani odiano i livornesi, ricambiatissimi, i pistoiesi sono rivali dei pratesi, e tutti insieme da Arezzo a Siena detestano i fiorentini. Un lombardo di Sondrio ha ben poco in comune con un lombardo di Mantova, un pavese con un bresciano: non l'accento, non la cucina, non l'orientamento politico. A Imperia i liguri sono commercianti e albergatori e votano a destra, a La Spezia sono portuali e marinai e votano a sinistra. Persino il Piemonte, che è uno Stato da mille anni, ha grandi differenze tra la capitale – città di militari, operai, cattolici di sinistra – e la provincia, terra di irregolari, vignaioli, cattolici conservatori. Si pensi a quante regioni hanno un nome al plurale. Le Puglie non sono certo una sola: la Capitanata, la Terra di Bari, il Salento sono altrettante piccole patrie. Gli Abruzzi hanno le montagne più alte del Mezzogiorno e la costa più piatta. Le Marche a Pesaro sono Nord e ad Ascoli sono Sud. Nella Venezia Giulia hanno inventato il «ciao», in Friuli si salutano dicendo «mandi». L'Emilia-Romagna va da Piacenza, dove c'è la nebbia, si coltiva il mais per la polenta, si condisce con il burro e alle sei di sera in giro non c'è nessuno, a Rimini, dove c'è il mare, si coltivano le vongole, si condisce con l'olio e d'estate pare di stare a Napoli.

Le regioni sono una sovrastruttura. La vera identità locale in Italia è legata al campanile. Al Comune. Alla città. La prima Lega fu un'associazione di Comuni lombardi e veneti, che non si opponevano a Roma ma all'imperatore tedesco (e ad altri lombardi e veneti fedeli al Barbarossa); e, come ha scritto Sergio Romano, «per coloro che sono andati a scuola quando il Risorgimento era ancora una storia di cui andare orgogliosi, Alberto da Giussano era un eroe italiano», celebrato dal Carducci: «Or si fa innanzi Alberto di Giussano / di ben tutta la spalla egli soverchia / gli accolti in piedi al console d'intorno...». Poi la Lega se n'è impadronita, proprio come del *Va' pensiero* di Verdi.

Anche la pianura padana, nel suo complesso, può essere considerata una piccola patria. Non c'è dubbio che esista una certa continuità culturale da Torino a Trieste. La grande valle del Po non è solo ricca, dinamica, laboriosa. È anche uno scrigno di tesori d'arte e di cultura. È una delizia percorrerla lungo le tre direttrici: quella del grande fiume, che dalla longobarda Pavia porta alle torri di Cremona e agli affreschi di Mantova e Ferrara; quella, più a nord, dell'autostrada che da Milano sale alla Bergamo medievale, scende nella Brescia rinascimentale e razionalista, prosegue per Verona, Vicenza, Padova, Venezia; e quella, più a sud, lungo la via Emilia, «una strada antica come l'uomo / segnata ai bordi dalle fantasie di un Duomo» come canta Francesco Guccini, che è nato a Modena e ben conosce la cattedrale su cui Wiligelmo scolpì non solo la Bibbia ma anche re Artù, le sirene e un intero bestiario medievale, compresa la volpe che si finge morta per mangiarsi i galli che vorrebbero seppellirla; e poi le figure dei dodici mesi simboleggiati dai lavori dei contadini, che qualche anno dopo Benedetto Antelami avrebbe scolpito in forme più raffinate a Parma. La Padania, in qualche modo, esiste. Ma non può sostituire l'Italia; né avrebbe senso senza il resto d'Italia. Sarebbe una parola vuota, un *flatus vocis*, un suono vano.

Che cosa sarebbe il Nord senza la Toscana, senza la lingua comune e il Rinascimento, senza Dante e Brunelleschi? E senza Roma, senza la classicità e il cattolicesimo, senza i cesari e i papi? Che cosa sarebbe la letteratura italiana senza i siciliani, senza Verga, De Roberto, Pirandello, Brancati, Tomasi di Lampedusa, Sciascia, Bufalino, Consolo, giù sino a Camilleri? Che cosa saremmo noi tutti senza quella straordinaria fucina di miti e simboli che è Napoli, talmente vitale che all'estero la confondono con l'Italia stessa, il sole, il mare, la pizza, la smorfia, Pulcinella, ma anche la musica e l'arte, il cinema di Totò e il teatro di Eduardo?

Il Sud è spesso sentito al Nord, e non solo dai leghisti, come una palla al piede; e in effetti di risorse ne ha inghiottite parecchie. Il Sud spesso si sente impoverito e sfruttato dal Nord; e in effetti senza il lavoro degli operai meridionali l'industria padana non sarebbe la stessa. La verità è che il Nord, senza il Sud, sarebbe deprivato di senso (e viceversa, si intende). Gli italiani cinefili amano tirarsi su il morale citando una celebre battuta del film *Il terzo uomo* di Carol Reed, sceneggiato da Orson Welles e Graham Greene: «In Italia, sotto i Borgia, per trent'anni hanno avuto assassini, guerre, terrore e massacri e hanno prodotto Michelangelo, Leonardo da Vinci e il Rinascimento. In Svizzera hanno avuto amore fraterno, cinquecento anni di pace e di democrazia e cosa hanno prodotto? L'orologio a cucù». Ecco, la Padania sarebbe, appena un po' più grande, il paese degli orologi a cucù.

Eppure la Lega Nord, con lo spadone, Alberto da Giussano e tutto, è sbarcata anche al Sud. È il secondo partito a Castelvolturno, dove i Borboni furono sconfitti dai garibaldini e oggi il problema sono i nigeriani. I neoborbonici, nostalgici di festa farina e forca, e i sanfedisti, che rimpiangono l'Inquisizione e le insorgenze antimoderne con i forconi, sono in grande sintonia con il Carroccio: a Napoli, nei giorni delle celebrazioni per i 150 anni dell'unità, i contestatori del gruppo «Insurgencia» hanno imbandierato le statue di Garibaldi e Vittorio Emanuele con i vessilli leghisti. Ma non sarà Bossi ad arrivare dappertutto. Nasceranno altre leghe. La frammentazione del paese sarà tradotta in politica da tanti partitini che faranno i sindacalisti del territorio. La Lega siciliana è già nata, e con Raffaele Lombardo ha conquistato la presidenza della regione. Gianfranco Micciché ha fondato a sua volta il Partito del popolo siciliano e vagheggia quello del popolo calabrese, campano, lucano, abruzzese. Seguiranno la Lega del Salento e quella del Cilento, e magari il ducato di Benevento e il principato di Salerno.

È inevitabile, e forse anche necessario, che come risposta nasca un partito della nazione, che ridisegni le riforme federaliste in modo solidale, e promuova la riconciliazione degli italiani dopo due decenni di contrapposizione tra berlusconiani e antiberlusconiani. L'Italia non è un paese di sinistra. Il Pd è fermo all'insediamento elettorale del vecchio Pci: Torino, Genova, Venezia, il Centro, con qualche voto operaio in meno in Lombardia e qualche voto clientelare in più a Roma e Napoli. L'empatia della sinistra con il paese è talmente modesta che, quando è andata al potere, ha visto il suo consenso disgregarsi rapidamente. Ma non è detto che l'Italia debba diventare leghista, e restare l'unica democrazia al mondo priva di una destra del merito, della responsabilità, delle regole. Della nazione.

Se invece prevarranno le spinte separatiste, l'idea dell'Italia rischia di essere ridotta a un vago senso di appartenenza, a un'immagine oleografica, a una *koiné*, una lingua comune fatta di spaghetti al pomodoro, sole, mare, Padre Pio, Berlusconi e le sue tv da odiare o amare, la nazionale di calcio (ma solo una volta ogni quattro anni, perché la squadra che scalda davvero il cuore è quella della propria città quando non del proprio quartiere), lo stellone e il Belpaese. Anzi, il paese più bello del mondo.

L'alleanza tra Bossi ed Emanuele Filiberto

C'è un personaggio che incarna bene questo sentimento consolatorio, questo orgoglio vacuo, questa versione folkloristica del patriottismo. È il principe Emanuele Filiberto. Amatissimo dagli italiani, che gli hanno fatto vincere il concorso per ballerini celebri del sabato sera, «Ballando con le stelle», e gli avevano fatto vincere pure il Festival di Sanremo, prima che un misterioso meccanismo – svelato da uno scoop di «Avvenire» – producesse in un'ora un milione di voti per il rivale e soltanto mille per lui. Lui che ha riconciliato i Savoia con l'Italia profonda, non presentandosi come leader politico (ha provato pure quella strada, candidandosi a Strasburgo con l'Udc: battuto da Magdi Cristiano Allam) ma come genero ideale, educato, gentile, felice di essere finalmente tornato nel paese che gli antenati avevano unificato e che lui si accontenta di divertire. Più che principe, tronista. Ha anche scritto mezzo libro in difesa della dinastia, firmando la nuova versione del saggio di Lorenzo Del Boca che è così diventato *Maledetti Savoia-Savoia benedetti*. «Tu non potevi ritornare / anche se non avevi fatto niente / ma mai ti sei paragonato / a chi ha sofferto veramente...»

Queste cose a molti italiani piacciono. Solleticano l'orgoglio nazionale latente. Rafforzano la loro idea di un paese non esattamente rigoroso, ma proprio per questo a misura d'uomo, o meglio di mamma. Lo Stato è lontano, la legge remota, i carabinieri cattivi soprattutto se entrano nel quartiere, ma in fondo siamo brava gente e come si vive in Italia non si vive da nessuna parte. Ogni tanto, qualcuno va all'estero in vacanza e al ritorno tranquillizza gli amici: sì, bella Parigi, o Londra, o New York; ma non ci vivrei mai. La stessa Roma a tanti nordisti di provincia piace così com'è: caotica, confusa, piena di Suv dal falso permesso per disabili, con i coreani che vendono accendini al ristorante e il cingalese che ti vuol rifilare la rosa rossa; per poi poter tornare a Thiene, a Sassuolo, a Fossano e dire al bar: bella Roma, ma si sta meglio qui.

L'idea leghista, dell'Italia come viziosa o comunque estranea, non è incompatibile con la retorica del Belpaese. È anzi complementare. Entrambe si fondano sul pregiudizio che l'Italia non sia una cosa seria, e non lo sia mai stata.

Tra le élite, negli strati colti, nelle accademie, il corrispettivo di questa attitudine riduttiva è una lettura triste della vicenda nazionale. La storia italiana è sentita come irrimediabilmente infelice: la Controriforma senza Riforma, il Risorgimento incompiuto, la vittoria mutilata, la Resistenza tradita, i proletari senza rivoluzione. Una storia fatta sempre dagli altri, che non ci appartiene e non ci riguarda.

Incapace di riconoscersi nel passato, l'Italia fatica a credere nel futuro. L'amaro ritornello secondo cui per la prima volta i figli staranno peggio e non meglio dei padri risuona in tutto l'Occidente; ma solo in Italia si fa poco o nulla per porvi rimedio. Tranne qualche eccezione, non abbiamo grandi scuole, università d'eccellenza. Siamo il paese a più bassa scolarizzazione d'Europa, quello che legge meno libri e giornali, e non è un caso. In nessun paese è così netta la separazione tra ricchezza e cultura. I ricchi spesso sono ignoranti, le persone colte spesso sono povere. La ricerca scientifica, proprio come il teatro, è considerata un onere per lo Stato, non un investimento. La crescita economica non è stata seguita da un'analoga crescita culturale.

Non è questione solo di insegnanti malpagati e di ricercatori che restano precari sino all'età della pensione, oppure degli idraulici e degli odontotecnici tra i più cari al mondo, del miliardario che non sa articolare un discorso, del finanziere che si vanta di non aver mai preso in mano un libro. Il punto è che la cultura non paga. La preparazione non è premiata. Lo studio non rende. In America iscrivere il figlio a Yale, ad Harvard, a Berkeley, al Mit comporta un forte investimento, che però sarà certo remunerativo: i neolaureati delle migliori università saranno contesi dalle aziende a suon di dollari. In Italia non funziona così. La classe dirigente non è selezionata dal merito, ma dai rapporti personali. I nuovi politici non escono dalle *grandes écoles* come l'Ena francese, ma dalle famiglie o dai famigli dei vecchi politici. Quel che conta non è studiare, sacrificarsi, fare esperienza, rischiare, mettersi in gioco, andare all'estero per poi tornare. Quel che conta è inserirsi in una rete di relazioni, in cui si entra per nascita, per matrimonio, per cooptazione.

Certo, ci sono molte storie diverse. Ma sono eccezioni che confermano la regola. Il rapporto fondamentale che definisce la società italiana resta quello, vecchio di duemila anni, tra patrono e cliente. Tra il capofamiglia, il capopartito, il capoclan e i suoi parenti, sottoposti, affiliati. L'idea diffusa è che prepararsi, formarsi, aggiornarsi non serva; serve molto più frequentare, conoscere, essere ammessi nei circuiti parentali o amicali giusti. Con il miraggio della grande scorciatoia, della botta di fortuna, del colpaccio: anche attraverso l'uso spregiudicato del proprio corpo, il mercimonio tra sesso e fama televisiva o seggio parlamentare. Il quarto d'ora di celebrità tv, il concorso di bellezza, il reality esistono in tutto il mondo; ma solo in Italia coincidono con la vita. Dappertutto ci sono le lotterie; ma nessun popolo investe una parte altrettanto cospicua dei suoi redditi nel Superenalotto, ultima manifestazione di un eterno mito italiano, lo stellone.

Nel 2007 ho scritto un viaggio in Italia che aveva per titolo una parola chiave: outlet. Outlet come i grandi centri commerciali che stanno sostituendo la piazza, il centro storico, il paese come luogo d'incontro, e infatti sembrano paesi finti, borghi medievali posticci. Outlet come metafora dell'Italia in svendita, della mercificazione dei valori, del degrado dei rapporti umani. Il viaggio si concludeva con l'annotazione che seguire la vita pubblica italiana è un esercizio a volte mortificante. Una frase che mi ha attirato molte critiche. Ma non è forse mortificante tentare di cambiare o anche solo raccontare un paese dove la prima azienda è la mafia? Dove la criminalità organizzata controlla tre regioni e si espande nelle altre? Dove la politica è spesso un modo per fare soldi? Dove carabinieri e polizia sono sovente visti come nemici al soldo di uno Stato ostile, e a loro volta si accaniscono talora sui deboli anziché sui malvagi?

L'unico paese occidentale dove destra vuol dire fascismo e non legalità? Dove la sinistra è in mano ai postcomunisti, e il capo del governo controlla gran parte del sistema televisivo? Un paese in cui la corruzione, l'evasione fiscale, il malaffare permeano la vita pubblica a ogni livello? È questa l'Italia che sognavano i patrioti saliti sul patibolo, i difensori della Repubblica romana, i fanti di San Martino? È questa la nazione per cui i volontari della Grande Guerra erano disposti a morire? Cosa direbbero di fronte all'Italia di oggi i fucilati di Cefalonia e i partigiani che scrivevano alle famiglie: domani mi impiccano ma ce la faremo a costruire un paese migliore? Cosa direbbe il partigiano Johnny di Beppe Fenoglio, che alla domanda dell'ufficiale fascista – «cosa farete dell'Italia, ragazzi» – risponde: «Una cosa alquanto piccola, ma del tutto seria»?

Fabrizio Quattrocchi e il generale Della Rovere

Eppure, qualcosa forse sta cambiando. Qualche segnale in controtendenza si vede. Nella crisi, nell'emergenza sociale ed economica, gli italiani – come d'abitudine – stanno dando il meglio di sé. La globalizzazione, che la Lega presenta come una sciagura epocale, è per l'Italia un'occasione straordinaria. Certo fa soffrire la piccola impresa manifatturiera a basso tasso di tecnologia, che patisce la concorrenza di paesi dove gli operai guadagnano un decimo che da noi. Ma il mondo globale ha fame e sete di cultura, arte, turismo, bei vestiti e bei mobili, buoni cibi e buoni vini. L'omologazione generale rende ancora più preziose le specificità italiane, i nostri prodotti, il made in Italy, il nostro modo di vivere. Nel mondo c'è una grande domanda d'Italia; purtroppo, quasi mai soddisfatta da italiani. Nei supermercati sudafricani, nei caffè di catena cinesi, nei ristoranti americani ho letto centinaia di parole italiane, che però indicano prodotti altrui. Siamo in ritardo, non cogliamo le opportunità, fatichiamo a creare reti e consorzi che difendano il nostro lavoro; però il futuro ci appartiene. Dappertutto, quando dici che sei italiano, ti sorridono. Merito anche del dinamismo dei nostri emigrati nel mondo, e del lavoro della nostra diplomazia; ma il merito principale è di questo nome – Italia – che all'estero suona come una terra promessa. Al termine di quel periodo straordinario che è stato il primo decennio del secolo, in cui il Terzo Mondo, dal Brasile alla Cina, da Dubai all'Indonesia, dal Messico all'India, è cresciuto come mai nella storia, si è verificata la previsione di Beniamino Andreatta: l'Italia, paese grande in un mondo piccolo durante la guerra fredda, è diventata un paese piccolo in un mondo grande. Eppure è un paese insostituibile. Perché ci sono cose e saperi che abbiamo soltanto noi, che nessun ladro potrà mai portarci via, nessun falsario saprà mai imitare.

I 150 anni dell'unità forse creeranno davvero qualche imbarazzo alla Lega, come ha previsto Michele Serra sulla «Repubblica». Perché tutto sommato gli italiani, o almeno la maggioranza, all'Italia ci credono. Perché sono orgogliosi della loro storia, della loro cultura, della loro letteratura. Perché in tanti hanno capito, con Ciampi, che si può essere con la stessa intensità livornesi, toscani, e italiani. I soldati della brigata Sassari l'hanno chiarissimo da tempo, visto che uno dei loro motti è: «Si ses italianu faedda su sardu», se sei italiano parla sardo; la piccola patria non contraddice ma integra la patria comune, e non a caso sulla bara del sassarese Cossiga la bandiera sarda con i quattro mori era annodata al tricolore italiano. «La regione nella nazione», secondo la formula di don Sturzo.

I giornali hanno intercettato questo sentimento, e hanno cominciato a dargli voce. Carlo Fruttero e Massimo Gramellini hanno raccontato a modo loro sulla «Stampa» la storia di questo secolo e mezzo, Sergio Rizzo e Gian Antonio Stella hanno descritto ai lettori del «Corriere» i luoghi dove si è fatto il Risorgimento. È vero, uno scrittore intelligente come Giordano Bruno Guerri ha detto che i libri sul Risorgimento annoiano. Ma può essere che si sbagli, e sia vero il contrario: la storia del Risorgimento può rivelarsi avvincente, soprattutto quando racconta storie di popolo, quando mostra che è stata l'Italia a fare il Risorgimento, e non il Risorgimento a fare l'Italia. Il futuro potrebbe rivelare che gli italiani sono attaccati alla loro nazione in modo più profondo di quanto non indichino i localismi leghisti e la banalizzazione del Belpaese. Passo dopo passo, i simboli un po' negletti dell'unità nazionale sono tornati patrimonio collettivo: l'inno, il tricolore, il Vittoriano. E non soltanto i simboli.

Consideriamo l'esercito. In nessuna democrazia i militari hanno goduto di meno prestigio che nella Prima Repubblica italiana. Mentre gli Stati Uniti e la Francia erano governati da generali, mentre il Giappone piangeva come eroi i suoi criminali di guerra e la Germania andava fiera dei suoi soldati in missione di pace, in Italia ancora si guardava all'esercito come a una noiosa corvée per le reclute, e a una torta di appalti e forniture per gli affaristi. Nel giro di pochi anni, tutto è cambiato. La percezione delle forze armate si è capovolta. E il motivo è semplice, per quanto difficile da dire: i soldati italiani hanno ripreso a morire. Non soltanto sono considerati i migliori nelle missioni di peace-keeping, i più bravi a entrare in contatto con le popolazioni civili. I nostri militari all'estero hanno dimostrato, come ai tempi di Garibaldi, che gli italiani al momento cruciale sono capaci di battersi e anche di sacrificare la vita, certo per amore della loro famiglia, ma anche per amor di patria. Quante leggende sono nate sul video della morte di Fabrizio Quattrocchi, che oltretutto militare non era. Da sinistra gli davano del mercenario. A destra raccontavano che, togliendosi la benda, avesse detto «ora vi faccio vedere come muore un camerata». Invece aveva detto: «Vi faccio vedere come muore un italiano».

Anche l'ultimo capitolo della nuova opera di Javier Cercas, *Anatomia di un istante*, si intitola «Viva l'Italia». Cercas, il più importante scrittore civile spagnolo, l'autore di *Soldati di Salamina*, non ha scritto un romanzo sul nostro paese. Ha raccontato invece una vicenda madrilena, quella del 23 febbraio 1981: il «golpe da operetta», come vengono definiti i golpe che non riescono. Il protagonista del libro è

Adolfo Suárez, capo del governo dimissionario. Un politico che il giovane Cercas non amava, anzi detestava, anche in polemica con suo padre, che aveva appoggiato Franco e nell'81 appoggiava Suárez. E in effetti la biografia di Suárez è quella di un arrivista, cresciuto nelle sentine del regime, nella Spagna opportunista e meschina di fine dittatura. Ma è quest'uomo mediocre a rivelarsi grande politico, prima costruendo la democrazia e poi, il 23 febbraio, mostrandosi pronto a morire per difenderla. Quando il tenente colonnello Tejero irrompe in Parlamento – tricorno in testa, pistola in pugno – e spara, tutti i deputati si gettano a terra, al riparo degli scranni. Soltanto tre restano al loro posto. Uno è Adolfo Suárez. Gli altri sono il leader comunista Santiago Carrillo e il generale Manuel Gutiérrez Mellado: uno stalinista e un franchista. Tre uomini che, tradendo le convinzioni autoritarie di una vita, salvano la neonata democrazia spagnola. Riscoprendo Suárez, lo scrittore riscopre e comprende suo padre, morto quando lui stava finendo il libro: «Avevo capito che non avevo del tutto ragione e mio padre non si sbagliava del tutto, e che io non sono migliore di lui, né mai lo sarò».

Per spiegare la metamorfosi di Suárez da mediocre a eroe, Cercas racconta una storia italiana. La storia del generale Della Rovere, portata da Indro Montanelli in teatro e da Roberto Rossellini al cinema. Un film che Rossellini non amava; ma, ammonisce Cercas, un artista non sempre è il miglior giudice della propria opera, e quel film racconta una vicenda esemplare. Perché ogni italiano può essere opportunista sino alla cialtroneria, però nelle circostanze più drammatiche sa trovare dentro di sé energia e nobiltà inaspettate.

Il protagonista del film è Emanuele Bardone, emblema dell'italiano scaltro, simpatico, bugiardo, affascinante, che seduce le donne e imbroglia gli uomini. Sotto l'occupazione nazista, arriva a estorcere denaro alle famiglie dei prigionieri antifascisti, promettendo di aiutarli. Con i tedeschi è filotedesco, con i compatrioti è antitedesco. I suoi raggiri finiscono per metterlo nei guai, i nazisti lo incastrano ma non rinunciano a servirsi di lui, anzi gli affidano una missione da cui può guadagnare parecchio. A un posto di blocco è stato ucciso il generale Della Rovere, uno di quegli ufficiali aristocratici fedeli al re che si battono contro l'invasore. Il colonnello Müller, comandante delle truppe d'occupazione, è indispettito: Della Rovere doveva essere catturato vivo, per averne informazioni. Ma forse si può rimediare.

Müller diffonde la notizia che il generale è stato arrestato. E propone a Bardone di prenderne il posto, in carcere. Come contropartita avrà la libertà e una ricompensa. Bardone accetta e viene rinchiuso con gli antifascisti, cui dovrà carpire nomi e notizie. Si cala nella parte, interpreta alla perfezione il ruolo: i compagni gli credono, vedono in lui il simbolo delle loro speranze, si mettono ai suoi ordini. Accadono episodi che cominciano a toccare la coscienza del doppiogiochista: legge sulle pareti i messaggi incisi prima di morire dai partigiani fucilati, assiste al suicidio di un compagno che si toglie la vita pur di non parlare. E riceve una lettera dalla moglie del generale, in cui la contessa Della Rovere gli assicura che sta bene e che i figli sono orgogliosi del padre. Per avvalorare la sua identità, i tedeschi lo torturano, suscitando le proteste degli altri reclusi. È come se il personaggio che sta impersonando si impadronisse a poco a poco di lui. Quando il carcere trema sotto un bombardamento, Bardone impaurito pretende di uscire dalla cella, ma poi si piazza al centro del corridoio e si rivolge agli altri con la solennità di un capo: «Amici, amici, vi parla il generale Della Rovere. Calma, dignità, contegno. Siate uomini. Dimostrate a queste canaglie che non temete la morte. Sono loro che devono tremare. Ognuna di queste bombe che cade avvicina la loro fine, il nostro riscatto».

La prova decisiva, però, deve ancora venire. I nazisti hanno catturato nove partigiani. Sanno che tra loro c'è Fabrizio, il capo della Resistenza; ma non sanno chi è. Bardone dovrà scoprirlo. Lui esita, ma Müller gli ricorda la ricompensa, cui aggiunge la promessa di un salvacondotto per la Svizzera, dove ricominciare la vita gaudente di prima. Bardone accetta. Quando la Resistenza uccide un gerarca nazista, Müller decide di fucilare dieci partigiani. La notte che precede l'esecuzione, venti uomini, tra cui Bardone, sono rinchiusi nella stessa cella. Tra loro saranno scelti quelli che devono morire. Müller è sicuro che Fabrizio si rivelerà all'uomo che crede il generale Della Rovere; e così accade.

Al mattino, undici prigionieri vengono prelevati dalla cella: Fabrizio non c'è, Bardone sì. Müller gli chiede cos'ha scoperto, ma l'altro resta muto. Il colonnello nazista insiste, urla, minaccia: in una notte come questa Fabrizio non può non essersi rivelato. «Che ne sa lei? Ha mai passato una notte come questa?» gli risponde Bardone. A Müller che gli domanda per l'ultima volta chi è Fabrizio, risponde con un messaggio scritto a matita, e chiede che venga recapitato alla contessa Della Rovere. Mentre Bardone ordina al secondino di aprirgli la porta del cortile, dove lo attende il plotone d'esecuzione, il nazista legge il messaggio. Dice: «Il mio ultimo pensiero è per voi. Viva l'Italia». La contessa Della Rovere crederà per sempre che il marito abbia voluto salutarla ancora una volta, prima di andare incontro al sacrificio.

Il cortile è coperto di neve. Legati ai pali, dieci uomini bendati attendono gli spari. La metamorfosi di Bardone in Della Rovere è ormai completa, al punto da indurlo a parlare ai compagni quasi con le stesse parole del generale Perotti: «Signori, in questo momento supremo rivolgiamo il nostro pensiero alle nostre famiglie, alla patria, alla maestà del re. Viva l'Italia!».

Petrarca e Piero della Francesca

Fu davvero l'Italia a fare il Risorgimento, non il Risorgimento a fare l'Italia. E questo non solo perché il Risorgimento è anche storia di popolo. Ma anche perché l'Italia esisteva già. E da tempo.

L'idea di Italia ha molto più di 150 anni, è molto più antica. È innanzitutto un'idea letteraria. Lamenta Dante:

Ahi, serva Italia, di dolore ostello
nave sanza nocchiere in gran tempesta,
non donna di province, ma bordello!

E Petrarca:

Italia mia, benché 'l parlar sia indarno
a le piaghe mortali
che nel bel corpo tuo sì spesse veggio
piacemi almen che miei sospir' sian quali
spera 'l Tevero et l'Arno
e 'l Po, dove doglioso et grave or seggio.

Alla vigilia della guerra di Chioggia, che rischiò di mettere fine alla Serenissima, Petrarca scrisse lettere bellissime ai Dogi delle due Repubbliche, di cui purtroppo non fu tenuto alcun conto. Secondo Petrarca, Genova e Venezia erano i due occhi d'Italia; l'Italia aveva bisogno di entrambe, e loro non potevano stare l'una senza l'altra. Commenta lo storico Frederic Lane che l'appello del poeta ebbe lo stesso effetto di un richiamo all'unità europea alla vigilia della Grande Guerra. Eppure, un seme era stato gettato.

De Gaulle aveva un'idea eroica ma un po' astratta della Francia: grandezza, re, fiumi di sangue. Mitterrand coltivava del suo paese un'idea carnale: raccontava di sentire la Francia nel vento, negli alberi, nei cimiteri di campagna, e anche sulla bocca delle sue splendide donne. Non è difficile, per noi, sentire l'Italia. Indovinarla dall'alto dell'aereo, magari al ritorno da un viaggio all'estero, e arrivando da nord scorgere la sagoma del Garda che si allunga sotto le Alpi, l'ansa dell'Adige dov'è raccolta Verona, lo specchio d'acqua che circonda da tre lati Mantova, lasciarsi a destra Firenze chiusa dalle colline e a sinistra la linea dell'Adriatico, per scendere sui cerchi vulcanici dei laghi di Bracciano e di Nemi sino al Tirreno e a Roma. Oppure, arrivando da sud, intravedere il profilo di Filicudi che pare una donna incinta, le altre Eolie, l'Etna con la neve, la Sicilia e la Calabria che finiscono a strapiombo sullo Stretto sin quasi a sfiorarsi, poi leggere la Campania come una carta geografica, Capri e Ischia, Sorrento e il Vesuvio, quindi quel tratto di costa tra Napoli e Roma, dal monte di Procida a Sperlonga, che gli antichi Romani consideravano il più bello del mondo e infatti vi costruirono le loro ville, a Cuma e a Baia; oggi potrebbe essere la nostra Costa Azzurra; è il litorale della camorra.

Non è difficile sentire l'Italia nella bellezza creata dai suoi artisti, nati e morti quando l'unità della nazione non era che un sogno. C'è un'Italia sciovinista, meschina e rancorosa che se la prende con Napoleone razziatore di opere d'arte. Ma cos'è più esaltante che entrare nello scrigno dell'orgoglio francese, il Louvre, salire al piano nobile del museo più famoso al mondo, percorrere la Grande Galerie e camminare per quasi un chilometro tra centinaia di quadri di commovente bellezza, e pensare che non ce n'è uno, uno solo, che non sia stato dipinto da un italiano? Quasi ignorare la *Gioconda* (che non è un furto ma fu portata in Francia da Leonardo stesso) e soffermarsi invece, nella stessa sala, sul meraviglioso Cristo di Lorenzo Lotto che difende l'adultera, e sulle *Nozze di Cana* in cui Veronese ritrae se stesso e i suoi rivali Tintoretto e Tiziano; quindi tornare all'inizio della Galleria, ricominciare da Cimabue e da Giotto, e poi a destra la straordinaria *Battaglia di San Romano* di Paolo Uccello con i palafrenieri all'assalto, a sinistra il Gesù statuario di Mantegna e quello piangente di suo cognato Giovanni Bellini, le lacrime di sangue del Cristo di Antonello da Messina con una corda al collo come un animale, i colori irreali della *Deposizione* di Rosso Fiorentino; e ancora i misteriosi divertissement dell'Arcimboldo e, quasi di fronte, la donna annegata nel Tevere che Caravaggio trasformò nella Madonna morente ... Cos'è più emozionante che andare alla National Gallery di Londra, cercare il primo episodio della *Battaglia di San Romano*, forse meno bello di quello del Louvre ma valorizzato meglio visto che gli è dedicata un'intera parete, e poi l'Atteone di Tiziano trasformato in cervo per aver visto Diana e le sue ancelle nude, un quadro che Cézanne amava al punto da trarne spunto per le sue *Bagnanti*, quindi la *Deposizione* incompiuta di Michelangelo dalle vesti che sembrano svolazzare fuori dalla tavola, e finalmente il *Battesimo di Gesù* di Piero della Francesca: forse il quadro più bello che sia mai stato dipinto, un'opera quattrocentesca che potrebbe essere stata realizzata ieri, o da un simbolista d'inizio Novecento, o da un impressionista di fine Ottocento (Degas per i suoi *Spartani* riprende letteralmente le figure di Piero, come più tardi farà Balthus); un quadro talmente straordinario che il direttore della National Gallery lo comprò per sé, nel 1861, ma dopo due giorni di tormenti decise che fosse troppo bello per rimanere in una casa e dovesse stare nel suo museo, fino a quando nel 2009 l'arcivescovo di Canterbury, massima autorità spirituale della Chiesa anglicana, disse che il *Battesimo* era troppo bello e sacro per rimanere in un museo e avrebbe dovuto stare in una cattedrale, possibilmente la sua. E cos'è più commovente che entrare al Prado e fermarsi davanti a *El Entierro*, la tela in cui Giuseppe di Arimatea, le Marie e gli apostoli seppelliscono il Cristo, un quadro meraviglioso che Tiziano dipinse con le mani, modellando il corpo di Gesù come fosse già decomposto, con una tecnica in cui i colori si fondono l'uno nell'altro con un anticipo di tre secoli sulle ninfee di Monet: un'opera di una drammaticità tale che, quando Carlo V lasciò il governo dell'impero su cui non tramontava mai il sole per ritirarsi in un convento, la portò con sé, e morì guardandola.

Certo noi non possiamo ammirare *El Entierro* o il *Battesimo di Gesù* ogni giorno, anche se gioverebbe al nostro amor patrio e alla consapevolezza di noi stessi. Ma possiamo sentire e amare l'Italia non solo nella bellezza delle nostre città e delle campagne, ma nella vita quotidiana, nel lavoro, nell'accumularsi della memoria, nelle storie di famiglia, nei racconti di guerra, nelle vicende private e in quelle che ci riguardano tutti. Come nella canzone che Francesco De Gregori compose nel 1979, al termine di un decennio in cui si credette che la rivoluzione valesse molto più della nazione, e dire «Viva l'Italia!» suonava bizzarro non meno di oggi; in un paese che ancora ricordava bene il 12 dicembre di dieci anni prima, il giorno della strage fascista di piazza Fontana, e ancora non poteva immaginare la nascita della Lega, ma già presagiva che l'Italia è Italia solo se è tutta intera.

Viva l'Italia, l'Italia liberata
l'Italia del valzer, l'Italia del caffè
l'Italia derubata e colpita al cuore
viva l'Italia, l'Italia che non muore

Viva l'Italia, presa a tradimento,
l'Italia assassinata dai giornali e dal cemento
l'Italia con gli occhi asciutti nella notte scura
viva l'Italia, l'Italia che non ha paura

Viva l'Italia, l'Italia che è in mezzo al mare
l'Italia dimenticata e l'Italia da dimenticare
l'Italia metà giardino e metà galera,
viva l'Italia, l'Italia tutta intera

Viva l'Italia, l'Italia che lavora
l'Italia che si dispera, e l'Italia che si innamora,
l'Italia metà dovere e metà fortuna
viva l'Italia, l'Italia sulla luna

Viva l'Italia, l'Italia del 12 dicembre,
l'Italia con le bandiere, l'Italia povera come sempre,
l'Italia con gli occhi aperti nella notte triste
viva l'Italia, l'Italia che resiste.

Indice dei nomi

Adriano, Publio Elio, imperatore romano, 87
Aguyar, Andrea, 35, 41-42
Allam, Magdi Cristiano, 138
Allodi, Aldobrandino, 112
Altavilla, Oscar, 100
Amato, Giuliano, 131
Ambrosini, Abele, 100
Amendola, Giorgio, 107
Andorfer, Herbert, 89
Andreatta, Beniamino, 142
Andreotti, Giulio, 92, 125
Antelami, Benedetto, 136
Antonelli, Giacomo, 52
Antonicelli, Franco, 108
Antonietti, Colomba, 38, 42
Apollinaire, Guillaume, 69
Apollonio, Renzo, 100
Arcimboldo, Giuseppe, 148
Arese, Francesco, 24
Arlotti, Emilio, 90
Armellini, Carlo, 36-37
Armellini, Quirino, 107
Artieri, generale, 49
Artom, Emanuele, 109, 123
Asburgo, dinastia, 17, 21
Aschieri, Carlotta, 16
Asmonei, dinastia, 109
Avezzana, Giuseppe, 35, 63

Babini, Francesco, 104
Badoglio, Pietro, 107
Bagiardi, Ferrante, 104
Bakunin, Michail, 63
Balbis, Franco, 3-6
Balbo, Italo, 16, 106
Baldini, Lino, 104
Balthus (Balthasar Klossowski), 149
Bandi, Giuseppe, 60
Bandiera, Attilio, 47-48
Bandiera, Emilio, 47-48
Bandiera, Irma, 95
Baratti, Vasco, 120
Barge, Johannes, 101
Barile, Paolo, 120
Barrili, Carlo Alberto, 44
Basaglia, Franco, 110
Bassi, Ugo, 39, 43
Battiato, Franco, 128
Battisti, Cesare, 84
Belgioioso, Cristina Trivulzio di, 55
Bello, Michele, 48
Bena, Battista, 92
Benedek, Ludwig von, 49
Beretta, Luigi, 49
Bergamas, Antonio, 85
Berlinguer, Enrico, 14
Berlusconi, Silvio, 4, 8, 13, 132, 137
Bernardi, Giuseppe, 92
Bertoldi, Giuseppe, 44
Bertozzi, Umberto, 114
Bevilacqua, Girolamo, 55
Bevilacqua, Quinto, 5
Bianco, Dante Livio, 111
Biglieri, Giulio, 5
Bigongiari, Giorgio, 105
Binz, Martino, 105
Bismarck-Schönhausen, Otto von, 54
Bixio, Gerolamo, detto Nino, 46, 59, 61-63
Blondel, Luisa, 55
Bobbio, Norberto, 111
Bocca, Giorgio, 111
Boccolini, Gregorio, 119
Bon, Laura, 21

Bonacina Spini, Fanny, 40
Bonafede, Antonio, 48-49
Bonaparte, Carlo Luciano, 34
Bonaparte, Gerolamo, 22
Bonomi, Florindo, 105
Borboni, dinastia, 14, 17, 24, 43, 47-48, 59, 61, 65, 136
Borca, Giovanni, 97-98
Borghese, Junio Valerio, 113, 117
Borghi, Pasquino, 102
Bortolotti, Eligio, 104
Borzino, Ulisse, 44
Bosco, Giovanni, 21-22
Bossi, Renzo, 132, 138
Bossi, Umberto, 11, 17, 132
Bovio Paolucci, Giulia, 55
Braccini, Paolo, 5
Brancati, Vitaliano, 136
Bravin, Giuseppe, 92-93
Briccarello, Felice, 92
Brosio, Cornelio, 5
Brunelleschi, Filippo, 136
Brunetti, Lorenzo, 43
Bueno, Ignazio, 36
Bufalino, Gesualdo, 136
Buffarini Guidi, Guido, 5

Cadorna, Luigi, 70, 73, 127, 131
Cadorna, Raffaele jr, 127
Cadorna, Raffaele sr, 127
Cairoli, Adelaide (nata Bono), 56
Cairoli, Benedetto, 56
Cairoli, Enrico, 56
Cairoli, Ernesto, 56
Cairoli, Giovanni, 56
Cairoli, Luigi, 56
Calderoli, Roberto, 134
Calò, Eugenio, 123
Calona, Ignazio, 60
Calvi di Bergolo, Pietro, 107
Calvino, Italo, 110
Camilleri, Andrea, 136
Canata, Atanasio, 45
Canfora, Luciano, 10
Caravaggio, Michelangelo Merisi, detto il, 148
Cardini, Natale, 119
Carducci, Giosue, 135
Carini, Giacinto, 60
Carità, Mario, 91, 115, 117, 119-120
Carlo V, imperatore del Sacro Romano Impero, 149
Carlo Alberto, re di Sardegna, 19-20, 25-28, 46
Carpaccio, Vittore, 87
Carrillo, Santiago, 144
Caruso, Alfio, 99
Casadei, Adriano, 96
Castaldelli, Giovanni, 119
Castiglione, Francesco Verasis, conte di, 52
Castiglione, Virginia Oldoini di, IX, 51-54
Cattaneo, Carlo, 16
Cavour, Camillo Benso, conte di, 13-15, 17-18, 20-21, 25, 50-52
Cercas, Javier, 143-144
Cernuschi, Enrico, 33
Cervi, Agostino, 8
Cervi, Alcide, 8, 10
Cervi, Aldo, 8
Cervi, Antenore, 8
Cervi, Ettore, 8
Cervi, Ferdinando, 8
Cervi, Gelindo, 8
Cervi, Ovidio, 8
Cesana, Franco, 123
Cesare, Gaio Giulio, 73
Cézanne, Paul, 148
Checcucci, Giovanni, 119
Chiani, Emilia, 120
Chrzanowski, Wojciech, 26
Churchill, Winston, 13
Cialdini, Enrico, 17
Ciampi, Carlo Azeglio, 29, 79, 83, 102, 131, 142
Ciampi, Franca (nata Pilla), 29
Ciano, Galeazzo, 122
Cibrario, Luigi, 28
Ciceruacchio (Angelo Brunetti), 32, 37, 43
Cimini, Alba, 116
Colajanni, Pompeo, 109
Colorni, Eugenio, 116, 123
Confalonieri, Teresa (nata Casati), 55
Consolo, Vincenzo, 136
Corbari, Silvio, 95-96
Cordero di Montezemolo, Giuseppe, 106-107
Cordero di Pamparato, Felice, 106
Corridoni, Filippo, 81

Corsi, Cosimo, 23
Cortiula, Pietro, 124
Cossiga, Francesco, 14, 44, 142
Costa, Nino, 41
Costanzo, Giovanni, 92
Cota, Roberto, 133
Cotoneschi, Bianco, 104
Crescentini, Gino, 103
Crispi, Francesco, 59-60
Crocco, Carmine, 15
Croce, Benedetto, 77
Curiel, Eugenio, 123

D'Alema, Massimo, 131
Dalla, Lucio, 50
Dandolo, Emilio, 40, 42
Dandolo, Enrico, 40-41
D'Annunzio, Gabriele, 68, 72-75, 81
Dante Alighieri, 136, 146
Danton, Georges-Jacques, 36, 41
Dauphiné, Augusto, 118
D'Azeglio, Massimo, 16, 20, 27, 53, 55, 60
De Boni, Filippo, 33
De Carolis, Ugo, 107
Decaux, Alain, 53
De Crescenzo, Marianna, 56
De Felice, Renzo, 122
De Filippo, Eduardo, 136
De Flugy, Rodolfo, 49
Deganutti, Cecilia, 96
Degas, Edgar, 149
De Gaulle, Charles, 3, 147
Degli Esposti, Gabriella, 96
De Gregori, Francesco, X, 50, 128, 149
De Grenet, Filippo, 107
De Launay, Claudio Gabriele, 22
Del Boca, Lorenzo, 16, 138
Del Din, Renato, 12
De Negri, Francesco, 99
De Negri, Marcella, 99
De Roberto, Federico, 136
Diaz, Armando, 70
Dickens, Charles, 62
Di Lorenzo, Enrichetta, 55
Di Nanni, Dante, 93, 126-127
Di Salvo, Maria, 116
Drago, Maria, 36, 39
Dumas, Alexandre, padre, 57
Dunant, Henry, 50
Durand de la Penne, Luigi, 113
Dürer, Albrecht, 87

Einaudi, Luigi, 8-10, 79, 127
Einaudi, Roberta, 8
Elia, Augusto, 61
Elisabetta di Baviera, imperatrice d'Austria e regina d'Ungheria, 50
Elisabetta di Sassonia, 21
Emanuele Filiberto di Savoia, 138
Emanuele Filiberto di Savoia-Aosta, 74-75, 81
Engels, Friedrich, 57
Eugenia María de Montijo de Guzmán, imperatrice dei francesi, 21, 52, 54

Faggioni, Germana, 114
Fanciullacci, Bruno, 91
Farinacci, Roberto, 117
Fattori, Giovanni, 17
Fè, Carmelita, 40, 42
Federico I detto il Barbarossa, imperatore del Sacro Romano Impero, 135
Fenoglio, Beppe, 10, 12, 88, 127, 141
Ferdinando II di Borbone, re delle Due Sicilie, 24, 31-32, 38, 49
Ferdinando di Savoia-Genova, 21-22, 27
Filippini, Nadia Maria, 56
Filopanti, Quirico (Giuseppe Barilli), 36, 41
Finzi, Mario, 123
Flaim, Mario, 94
Flaubert, Gustave, 52
Foà, Luciano, 110
Foa, Vittorio, 123
Fondelli, Giovanni, 104
Foscolo, Ugo, 16
Fracassi, Claudio, 32, 41
Fracassi, Sebastiano, 103
Fra' Diavolo (Michele Pezza), 15
Francesco Giuseppe I, imperatore d'Austria e re d'Ungheria, 50, 84
Franco Bahamonde, Francisco, 144
Franzini, Antonio, 26
Frassati, Pier Giorgio, 10
Frassineti, Guido, 120
Fruttero, Carlo, 142
Fuller, Margaret, 34
Fusi, Valdo, 5

Gadda, Carlo Emilio, 77-79
Galimberti, Duccio, 8, 111
Gandin, Antonio, 98-101
Garibaldi, Anita (Ana Maria Ribeiro da Silva), 35, 37-39, 43, 55, 57-58
Garibaldi, Giuseppe, 14-15, 18, 20-21, 23, 26, 30, 32, 35-40, 42-43, 46, 51, 55-64, 128, 137, 143
Garibaldi, Menotti, 35, 43, 57, 64
Garibaldi, Ricciotti, 35, 57, 64
Garibaldi, Rosa (nata Raimondi), 57
Garibaldi, Teresa, 35, 57, 59, 64
Garosi, Marcello, 114
Gassman, Vittorio, 77
Gentile, Giovanni, 91
Geuna, Silvio, 3-6
Ghisellini, Igino, 90
Giachino, Errico, 5
Giambone, Eusebio, 5, 108, 126-127
Gianturco, Luigi, 68
Giglio, Maurizio, 114-116
Ginzburg, Leone, 110-111, 123
Ginzburg, Natalia (nata Levi), 110
Gioberti, Vincenzo, 16, 34, 45
Giorgiatti, Camilla, 117
Giorgini, Giovanni Battista, 29
Giovanni Paolo II (Karol Wojtyła), papa, 103
Giusti, Giuseppe, 16
Gobbi, Romolo, 11
Gobetti, Piero, 9, 13
Goëthe, Louise, 57
Gogol', Nikolaj, 110
Govoni, Corrado, 68
Gozzano, Guido, 28
Gramellini, Massimo, 142
Gramsci, Antonio, 13, 126
Grassi, Paolo, 117
Greene, Graham, 136
Grigoletti, Eugenio, 104
Gritti, Salvino, 120
Guccini, Francesco, 135
Guerrazzi, Francesco Domenico, 16, 35
Guerri, Giordano Bruno, 142
Gutiérrez Mellado, Manuel, 144

Hayez, Francesco, 16, 55
Hitler, Adolf, 5-6, 10, 88, 99, 122
Hugo, Victor, 35, 57, 63

Ignazio da Carrara (Pier Luigi Rossi), padre, 104
Ildefonso (Epaminonda Troya), padre, 116-117, 119

Jacchia, Mario, 123
Jahier, Piero, 76
Janni, Luigi, 105
Jervis, Giovanni, 110
Jervis, Lucilla, 110
Jervis, Paola, 110
Jervis, Willy, 109-110

Kappler, Herbert, 116-117, 121
Koch, Pietro, 114-117, 119
Kohl, Christiane, 98
Konstantakis, Angelos, 102
Kossuth, Lajos, 63

La Marmora, Alfonso, 22, 46, 131
La Masa, Giuseppe, 59
Lamporecchi, Isabella, 51-52
Lane, Frederic, 147
Lanza, Ferdinando, 62
Lavaggi, Aristide, 113
Lavinj, Franco, 111
Lazzeri, Alcide, 103
Lazzeri, Innocenzo, 104
Leonardo da Vinci, 136, 148
Leopardi, Giacomo, 37
Leopoldo II, granduca di Toscana, 31
Levi, Carlo, 123
Levi, Mario Attilio, 109
Levi, Primo, 109, 123
Liguori, Emilio, 94
Linari, prefetto, 119
Locchi, Vittorio, 68
Lombardo, Raffaele, 137
Lombroso, Cesare, 118
Longoni, Angelo, 100
Luigi XVI, re di Francia, 36
Luigi II Bonaparte, re d'Olanda, 38

Maffei, Clara (nata Carrara Spinelli), 55
Magazzari, Gaetano, 44
Malafarina, Teresa, 49
Malan, Roberto, 110
Mameli, Gotifreddo, detto Goffredo, 44-47
Mamiani, Terenzio, 32, 36

Manara, Luciano, 33, 40, 42-43, 84
Manente, Erno, 119
Manzoni, Alessandro, 16, 29, 55
Manzoni, Vittorina, 29
Marabini, Gustavo, 95
Marcellin, Maggiorino, 113
Marchetti, Giuseppe, 60
Marchi, Daisy, 116
Maria Adelaide d'Asburgo-Lorena, regina di Sardegna, 21-22
Maria Clotilde di Savoia, 22
Maria Teresa d'Asburgo-Toscana, regina di Sardegna, 22
Martelli Castaldi, Sabato, 106
Martellini, Nando, 7
Martini, Enrico, 92
Martini, Fausto Maria, 68
Martino, Gaetano, 99
Marx, Karl, 57
Marziano, colonnello, 120
Masi, Arrigo, 119
Masini, Angelo, 35, 41
Mastropierro, Leonardo, 120
Matteotti, Giacomo, 10
Mazzini, Giuseppe, 16-17, 23, 33-37, 39-40, 42-43, 46, 48, 55, 58
Mazzoni, Pietro, 48
Mazzucchi, Raffaele, 104
Mechel, Giovan Luca von, 62
Medici Tornaquinci, Aldobrando, 120
Mei, Aldo, 104
Menabrea, Luigi Federico, 23
Mencaroni, Domenico, 104
Menguzzo, Fiore, 104
Menichetti, Valerio, 119
Menchini, Nerito, 113
Menichini, Fidalma, 113
Metternich-Winneburg, Klemens Wenzel Lothar, principe di, 37, 77
Metternich-Winneburg, Pauline, principessa di, 53
Meucci, Antonio, 57
Meucci, Filippo, 44
Micciché, Gianfranco, 137
Michelangelo Buonarroti, 14, 136
Michiel Giustinian, Elisabetta, 55
Milesi, Bianca, 55
Mirabene, Rosario, 104
Mitterrand, François, 147
Momigliano, Franco, 109
Monicelli, Mario, 77
Montanelli, Giuseppe, 29-31, 35
Montanelli, Indro, 29-31, 144
Montano, Massimo, 5
Montes de Oca, Salvador, 105
Monti, Augusto, 109
Monti d'Arnaud, Elena, 55
Montmasson, Rosalia, 60
Morini, Ermete, 104
Morosini, Emilio, 40-42
Morosini, Giuseppe, 102-103
Mortelliti, Luigi, 116
Mosconi, Fulvio, 102
Mussolini, Benito, 6, 8, 10-11, 70, 76, 87-88, 91, 100-101, 114-115, 117, 122

Napoleone I, imperatore dei francesi, 3, 22, 34, 37, 73, 148
Napoleone III, imperatore dei francesi, 19, 34, 38, 43, 50-54, 59
Napolitano, Giorgio, 15, 50, 79
Natali, Arnolfo, 119
Nazionale, Ferruccio, 90
Nicoletta, Giulio, 113
Nievo, Ippolito, 16
Niforatos, Stavros, 101
Nightingale, Florence, 62
Nigra, Costantino, 19, 50, 53
Ninco Nanco (Giuseppe Nicola Summa), 15
Nissim, Luciana, 109
Novani, Pietro, 113
Novaro, Michele, 44
Nunziante, Ferdinando, 47

Olivelli, Teresio, 105-106
Orelli, Alfredo, 80-81
Orelli, Carlo, 79-83
Orelli, Gabriele, 80
Orelli, Guglielmo, 80
Orsini, Felice, 40, 43
Oudinot, Nicolas-Charles-Victor, 38-40, 42

Pajetta, Giancarlo, 108
Pallavicino Trivulzio, Giorgio, 26
Palmerston, Henry John Temple, 20
Pampaloni, Amos, 100
Pantano, Guglielmo, 100

Pansa, Giampaolo, 124-125
Papini, Giovanni, 71
Pappagallo, Pietro, 103
Parodi, Tommaso, 60
Pasqui, Giuseppe, 103
Pavese, Cesare, 110
Peiper, Joachim, 92
Pellicano, Paolo, 48
Pellicciari, Angela, 13
Pennacchi, Antonio, 10
Pericchi, Raffaello, 104
Perissinotti Manin, Teresa, 55
Perotti, Giuseppe, 3-6, 47, 92, 98, 108, 119, 125-127, 146
Perotto, Mario, 119
Perrone, Luigi Maria, 49
Pertini, Sandro, 103
Pesce, Giovanni, 93
Petacco, Arrigo, 30
Petrarca, Francesco, 146-147
Pettinato, Concetto, 117
Piccinini, Daniele, 61
Picciotto Fargion, Liliana, 122
Piero della Francesca, 146, 149
Pilla, Leopoldo, 29
Pilo, Rosolino, 62
Pio IX (Giovanni Maria Mastai Ferretti), papa, 17, 24, 31-38, 43-44, 48, 51-52, 58
Pio da Pietrelcina (Francesco Forgione), santo, 137
Pirandello, Luigi, 136
Pisacane, Carlo, 35, 43, 47, 55, 59
Pisanu, Giuseppe, 14
Poniatowski, Giuseppe, 51-52, 54
Poniatowski, Matilde, 54
Pontormo, Iacopo Carucci, detto il, 87
Popolizio, Massimo, 17
Porzi, Luigi, 38
Preziosi, Giovanni, 122
Prister, Marco, 85
Prodi, Romano, 131
Provana di Collegno, Giacinto, 28
Pucci, Domenico, 113

Quattrocchi, Fabrizio, 141, 143

Rabino, Michele, 105
Radetzky, Johann Joseph Franz Karl, 15-16, 21, 24, 27, 29, 55
Raglianti, Libero, 104
Raimondi, Giuseppina, 58
Ramat, Raffaello, 120
Ramorino, Gerolamo, 28
Randaccio, Giovanni, 74-75
Rattazzi, Urbano, 21, 52
Rebora, Clemente, 68
Reder, Walter, 105
Reed, Carol, 136
Revelli, Nuto, 6
Reverberi, Bruno, 96
Reverberi, Savina, 96
Ricci, Dante, 104
Rizzo, Sergio, 142
Roggi, Paolo, 104
Romano, Sergio, 135
Romeo, Domenico, 48-49
Rommel, Erwin, 78
Ronzani, Bianca, 51
Rosani, Rita, 123
Rosas, Juan Manuel de, 35, 57
Rosmini, Antonio, 16, 32
Rosselli, Carlo, 10, 110
Rosselli, Nello, 10
Rossellini, Roberto, 103, 144
Rossi, Luigi Felice, 44
Rossi, Pellegrino, 32
Ruffo, Gaetano, 48
Rufino, Mario, 111

Saffi, Aurelio, 37
Salvadori, Domenico, 48
Salvatorelli, Luigi, 76
Salvemini, Gaetano, 110
Sand, George (Amandine-Lucie-Aurore Dupin), 36, 63
Santi Bevilacqua, Carolina, 55
Saragat, Giuseppe, 82
Sarkozy, Nicolas, 50
Sauro, Nazario, 84
Savoia, dinastia, IX, 17, 19, 22-23, 36, 58, 64, 138
Schiffmann, Johannes Karl, 96
Schlemmer, Hans, 123
Sciascia, Leonardo, 136
Scirocco, Alfonso, 61
Segni, Antonio, 14
Segre, Giorgio, 109
Senigaglia, Alessandro, 120

Sereni, Emilio, 123
Sereni, Enzo, 123
Serra, Michele, 142
Sestini, Luciano, 119
Siciliano, Ciro, 114
Sidoli, Giuditta, 36
Simi, Giuseppe, 105
Simon, Max, 104
Sirtori, Giuseppe, 60
Slataper, Scipio, 84
Sogno, Edgardo, 108
Solaro, Franca, 125
Solaro, Giuseppe, 5, 91, 125
Sordi, Alberto, 77
Spaur, Thérèse von Giraud, 31
Spazzoli, Arturo, 96
Squitieri, Pasquale, 17
Stalin (Iosif Visarionovič Džugašvili), 126
Stampa, Guido, 117
Stella, Gian Antonio, 142
Stendhal (Henri Beyle), 55
Stopponi, Marcella, 116
Strehler, Giorgio, 117
Stuparich, Carlo, 84
Stuparich, Giani, 84
Sturzo, Luigi, 10, 142
Suárez, Adolfo, 144

Talarico, Giosafatte, 62
Tani, Giuseppe, 103
Tani, Sante, 103
Tausch, Karl Franz, 89
Taviani, Paolo Emilio, 99
Taylor, Telford, 101
Tejero, Antonio, 144
Terracini, Umberto, 123
Teti, Vito, 47
Thompson, Mark, 69-70, 83
Thurn, Wilhelm, 27-28
Tintoretto, Iacopo Robusti, detto il, 148
Tiziano Vecellio, 148-149
Togliatti, Palmiro, 91, 125
Tomasi di Lampedusa, Giuseppe, 17, 136
Tomassetti, Cleonice, 93-94
Tommaseo, Niccolò, 16
Tompkins, Peter, 115
Tonarelli, Vittorio, 114
Tonelli, Giuseppe, 103
Totò (Antonio de Curtis), 136
Traverso, Tullio, 112
Trioschi, Fortunato, 104
Türr, István, 60-61

Umberto I, re d'Italia, 22, 54, 80
Umberto II, re d'Italia, 114
Ungaretti, Antonello Benito, 70
Ungaretti, Giuseppe, 67-72, 78
Uniti, Angelo, 105

Valenti, Osvaldo, 117
Valentino, Francesco, 92-93
Valerio, Lorenzo, 44-45
Valiani, Leo, 123
Vangelatos, Spiros, 101
Vassallo, Antonio, 92
Veltroni, Walter, 131
Vercellana da Moncalvo, Rosa, 21, 23
Verdi, Giuseppe, 16, 33, 55, 135
Verduci, Antonio, 49
Verduci, Rocco jr, 47-48
Verduci, Rocco sr, 48
Verga, Giovanni, 136
Veronese, Paolo Caliari, detto il, 148
Versari, Iris, 95-96
Vian, Ignazio, 8, 92, 125
Visconti, Luchino, 17-18, 116-117
Vittoria, regina di Gran Bretagna e Irlanda, 20-21
Vittorio Emanuele II, re d'Italia, 15, 19-21, 23, 27, 50-51, 53, 56, 61, 64-65, 137
Vittorio Emanuele III, re d'Italia, 6, 76, 78, 81, 88, 107, 113

Washington, George, 13
Welles, Orson, 136
Wiligelmo, 135

Zaia, Luca, 134
Zambianchi, Callimaco, 40
Zini, Lina, 117
Zoli, Adone, 120
Zoli, Angiolo, 120
Zoli, Giancarlo, 120
Zolla, Elémire, 9

Arnoldo Mondadori Editore S.p.A.

Questo volume è stato stampato
presso Mondadori Printing S.p.A.
Stabilimento Nuova Stampa Mondadori - Cles (TN)

Stampato in Italia - Printed in Italy